AF607123
AVERSO

DESPUÉS DE LAS HERIDAS

Poemas

1990 - 2016

Enzo Lamartora

Número 53 de la Colección **PERVERSA**

Después de las heridas. Poemas

Edición al cuidado de Averso Poesía
www.aversopoesia.com

hola@aversopoesia.com

Primera edición: septiembre de 2025
ISBN: 979-13-990991-0-2
Depósito Legal: GR 1408-2025

Impreso en España - *Printed in Spain*

El papel utilizado para la impresión de este libro está calificado como papel ecológico y procede de bosques gestionados de manera sostenible.

DESPUÉS DE LAS HERIDAS

Poemas

1990 - 2016

Enzo Lamartora

Traducción de Ana Lara Almarza

DESPUÉS DE LAS HERIDAS

Poemas

1990 - 2016

Autunno

L'albero spoglio
le foglie

Lontano ancora un giorno abbuia

L'ultimo uccello riparte

Napoli, settembre 1990

Otoño

El árbol desnudo
las hojas

A lo lejos de nuevo un día oscurece

El último pájaro se marcha

La notte ha consumato
un'attesa di stelle

Dolore di cose passate
di cose non dette
di veglie e penitenze

Sto
come la vite
all'olmo crocifissa

Napoli, capodanno 1991

La noche ha consumido
una espera de estrellas

Dolor de cosas pasadas
de cosas nunca dichas
de noches en vela y penitencias

Estoy
como la vid
al olmo crucificada

Nel corpo tuo rimorso

I

Giorno dopo giorno
l'immenso che sprofonda in gelida fessura
il sibilo che usura l'interno e che effondeva...

II

Stabat mater bellezza e ombra della follia
e specchio giunto era il tempo che io nascessi
al lontano cammino dal lontano dove
ricurva e dolente inghiottiva l'orizzonte
ma inoltrandomi a notte e nel remo la paura
che il respiro della laguna sperdesse la rotta
colmasse la misura

III

Non posso fermarmi mi dici a una stazione
perché è a ritroso il mio viaggio già state
cucine semibuie seminferme corride di grida
latranti liturgie e dentro lo spasmo convulso
del sangue nel giugulo nel morso l'agonia
no non posso fermarmi voltarmi a ricordare
dare nome all'inaudito meglio per me l'amaro
masticare di chi non errando giudica l'errare
meglio l'amore quello normale ossia
tradire discutere se sei solo mia
e insieme accusarti del limite morale

En tu cuerpo arrepentido

I

Día tras día
la inmensidad que se hunde en una gélida fisura,
el silbido que usura el interior y que efundía...

II

Stabat mater belleza y sombra de la locura
y espejo había llegado el tiempo de que naciese
en el camino alejado del lejano dónde
curvada y dolorosa engullía el horizonte
pero adentrándome de noche en el remo el miedo
de que el aliento de la laguna perdiese la riada
colmase su medida

III

No puedo pararme me dices en una estación
porque mi viaje es hacia atrás ya pasaron
las cocinas semioscuras semienfermas corridas de gritos
ladrantes liturgias y dentro el espasmo convulso
de la sangre en la yugular en la mordida la agonía
no no puedo pararme girarme a recordar
darle nombre a lo inaudito mejor para mí el amargo
masticar del que no errando juzga el errar
mejor el amor el normal o sea
traicionar discutir si eres solo mía
y juntos acusarte del límite moral

tu stesso diviso tra bene non male
ridotto a puro avverbio il dopo e il prima

IV

Proprio vero è l'inganno il tuo logorio
verità o bellezza bellezza o verità
dimmi le cose che conoscere dovrei
e che nuda mi stringono al segreto degli altri
con cui te ne vai me in corda
alla fonda di ogni tuo umore
ma troppo sei bella ch'è alibi e dissuasione
quando il conto degli anni mi chiedi
con me sprecati tra omissis e viltà
e le altre maldicenti quella puttana
che pure col mestruo lo fa'
pardon la tua giovane età

V

Per quel poco che mi dai quanto ti perdono
ciò che insieme coniughiamo
figgere croci attender punizioni e ancora
ambivalere non vocare non potere non mai profferire
che amarti avrei voluto per le strade d'ogniddove
solamente accarezzarti e dal fondo dei tuoi occhi
col respiro dei tuoi giorni una volta adolescente
divenire indecente confinato all'infinito del tuo prato
né rimpiangere quanti anni ci dividono in coscienza
o nel corpo tuo rimorso tuo tutto presente
l'antica che inabissa e che riemerge

tú mismo dividido entre el bien no mal
a puro adverbio reducidos el antes y el después

IV

Real es el engaño tu deterioro
verdad o belleza belleza o verdad
dime las cosas que debería conocer
y que desnuda me empujan al secreto de los otros
con los que te vas yo atado
fondeado a tu estado de humor
pero eres demasiado bella qué coartada y disuasión
cuando me pides que cuente los años
conmigo desperdiciados entre omisiones y vilezas y las otras
malhabladas esa puta
que también lo hace con la menstruación
eres joven de edad *pardon*

V

Para lo poco que me das cuánto te perdono
lo que juntos conjugamos
clavar cruces esperar castigos y de nuevo
ambivaler no *vocar* no poder no proferir más
que amarte habría querido en las calles por doquier
solamente acariciarte y desde el fondo de tus ojos
con el aliento de tus días una vez adolescente
volverme indecente recluido en la infinidad de tu prado
ni lamentar cuántos años nos dividen en consciencia
o en tu cuerpo arrepentido todo tuyo presente
el pasado que se hunde y que resurge

ventura prigionia in cui mi tenevo
una volta amore vero

VI

Misera insostanza del dolore rasternato
se al raptus ex o propter uno è sospinto
oppure se all'equivoco che crescere comprendere
il dolore del mondo significhi risolvere la colpa
    all'incoscienza
assolversi che il male con gli anni appena segna
ed è già via già l'oltre-galleria
quando al vero ritorno di questo viaggio
fra cose secondarie e necessarie
non dipinto né racconto solo viva continua
recitata malattia di un tempo di vergogna e di follia
quando il corpo profanato giovanile...
ma eccoci in stazione —mi distolgono le hostess
in completo verdeblu sempre pronte al bel sorriso—
sì grazie un caffè riprendo un giornale
che non leggerò

VII

Così così lontano dalla casa impossibile
nel corpo di passione irremissibile bellezza
ben oltre il confine di materia e di giudizio dirti
semplice banale mia stessa giovinezza
vorrei che le ferite più dei versi dicessero
che per te me ne andrò quando tu te ne andrai
invaso il cuore dai tuoi fantasmi

futuro cautiverio donde me quedaba
una vez amor verdadero

VI

Mísera no sustancia del dolor *rasternado*
si al *raptus ex o propter* uno es impulsado
o si al equívoco de crecer comprender el dolor
del mundo significa quitar la culpa a la inconsciencia
absolverse de que el mal con los años casi no deja huella
    y ya se ha ido
ya va más allá del túnel cuando vuelvo a la verdad
de este viaje entre cosas secundarias y necesarias
ni pintado ni contado solo una viva continua
recitada enfermedad de un tiempo de vergüenza y de
    locura
cuando el cuerpo profanado juvenil...
pero estamos aquí en la estación —me distraen las azafatas
enteras de verde y azul siempre con una bella sonrisa—
sí gracias un café cojo otro periódico
que no leeré

VII

Tan tan lejos de la casa imposible
en el cuerpo de pasión irremisible belleza
más allá del límite de la materia y del juicio decirte
simple banal mi propia juventud
querría que las heridas dijesen más que los versos
que por ti me iré cuando tú te vayas
invadido el corazón por tus fantasmas

lasciate le dimore che avremmo abitato
e questo diario che tu scrivi non per me
e che io insanguino per te

Napoli, 1995

da Nel corpo tuo rimorso, Crocetti, 2002

dejad las demoras en las que habitamos
y este diario que tú escribes no por mí
y que yo ensangriento por ti

Il viaggio in Normandia

Per noi che partivamo
lungamente sospinti a una prossima estate
dalla neve sulle giacche dal vento dal sale
per come era pesante la schiena
e incurvata dal passo in solitario
già il nome Normandia invitava al sorriso
stringeva di speranza la mano al finestrino

Appresi alla cornetta il tragitto del viaggio
dal Nord alla Baia affondando per vigne
come dire negli anni un ritorno di affanni
un ripetere a memoria una storia d'appendice
che in qualche scaffale
e insieme annotare quanta infanzia era invissuta
quanto è inutile sorprendere ogni angolo
che s'abbia di case di pietre
tra fumi di stalle e vapori di falesie
se insieme ci si allena e ci si tempra
al disamore

Ma era questo il sottinteso
completare il sussidiario con te che non parli
e che pure non ignori il vuoto spalancarsi
l'angoscia di fissare infantile in qualche foto
tutto il mondo inafferrato
che pure e ancora amiamo

Due possono viaggiare
se possono incrociare chi il cammino fa in ritorno

El viaje a Normandía

Por nosotros que partíamos
largo tiempo alentados a un próximo verano
por la nieve sobre las chaquetas por el viento por la sal
por cómo nos pesaba la espalda
y encorvada por los pasos en soledad
ya el nombre Normandía invitaba a sonreír
palpaba la esperanza la mano en la ventana

Agarrados al teléfono el trayecto del viaje
del Norte a la Bahía buceando por las viñas
como decir con los años una vuelta de jadeos
repetir de memoria una historia de apéndice
en un estante cualquiera
y juntos anotar cuánta infancia no vivida
qué inútil sorprender en cada esquina
que se encuentre de casas de piedras
entre humos de establos y vapores de acantilados
si a la vez se nos entrena y se nos templa
al desamor

Pero aquí lo implícito
completar el subsidiario contigo que no hablas
y sin embargo no ignoras el vacío que se abre
la angustia del mirar infantil en cualquier foto
todo el mundo inaferrado
que además todavía amamos

Dos pueden viajar
si pueden cruzarse con el que del camino vuelve

i visi patriarcali silenziosi ma felici
magari aspettando che l'umido si levi
del dopo temporale

Guardavo al mattino l'orizzonte di Etrétat
strette cale d'inverno dove il freddo si scioglie
sui ricami all'uncinetto dei vetri d'albergo
sul profondo tuo dormire —pensavo
sia felice almeno questo—
e finalmente ero sereno
finalmente ero un gabbiano svernato
in quell'oceano

La donna della vita
rincorsa per le strade tra Caen e Rouen
capelli biondi o neri —è chiaro ha già sorriso
è proprio qua vicino—
e noi che la guardiamo ebetiti immaginando
soltanto per scherzare non certo per guastare
quel viaggio in Normandia di amaro e nostalgia
che in fondo ci piaceva
e che tutte le sere a tarda sera terminava
tra sbuffi di Gauloises e stecche di biliardo
su cosa s'è sbagliato e poi chissenefrega

e il viaggio il miraggio tutt'era inconfessato
pareva uno spettacolo spianato
giallograno verdefoglia rossoterra
e infine quel mare dove un giorno arrivammo
l'insegna del Martini la piazza la spiaggia
e lei che m'attendeva

los rostros patriarcales silenciosos pero felices
esperando quizás que la humedad se vaya
después de la tormenta

Yo miraba en la mañana el horizonte de Etrétat
estrechas calas de invierno donde el frío se derrite
sobre los bordados en ganchillo de los cristales del hotel
sobre tu profundo sueño —pensé
al menos soy feliz con esto—
y por fin estuve tranquilo
por fin fui gaviota que pasó el invierno
en ese océano

La mujer de la vida
perseguida por las calles de Caen y Rouen
cabello rubio o negro —está claro ya ha sonreído
está justo al lado—
y nosotros que la miramos como bestias imaginando
solamente por bromear para nada por estropear
ese viaje a Normandía con la amargura y la nostalgia
que en el fondo nos gustaban
y que todas las tardes, casi de noche, terminaba
entre bocanadas de Gauloises y partidas de billar
sobre qué salió mal y después a quién le importa

y el viaje la ilusión todo inconfesado
parecía un espectáculo allanado
amarillo trigo verdes hojas roja tierra
y por último ese mar al que un día llegamos
el letrero de Martini la plaza la playa
y ella que me esperaba

guardando l'immenso l'azzurro
del mare di Denneville

Mesi e mesi di amore scavato nella carne
ero forse un passante nel tuo giro di morte
fingevo ma ti amavo davvero
ti amavo
quando all'angolo del bar tremando mi dicevi
je sais qu'on s'est passé quelque chose
qu'ici s'est partagé…
quando a un mare lontano
e forse non a caso ti ritrovavo
sulla mia strada

Capace amico di incoscienza
sii testimone di questa ricerca
sassi raccolti su scogliere di granito
fari notturni alghe di scarpe
reti da pesca e ostriche e vetrate di bar abbandonati
maree e ritirate di spiagge e di falesie
sii testimone di quanto ho annaspato
del lavoro operoso senza salario
cazzate e risate e imbuti improvvisi
di scale e di silenzi

Tu eri là
incarnata libertà che avevo sognato
e che il mare levigava
senza il coraggio di avvicinarti
ma nel cuore la certezza che mai avrei scordato

mirando el inmenso el azul
del mar de Denneville

Meses y meses de amor excavado en la carne
tal vez fui un pasajero en tu excursión de muerte
fingía pero te amaba de verdad
te amaba
cuando en la esquina del bar temblando me decías
je sais qu'on s'est passé quelque chose
qu'ici s'est partagé...
cuando en un mar lejano
y tal vez no fue el azar te reencontraba
en mi camino

Hábil amigo de inconsciencia
sé testimonio de esta búsqueda
piedras recogidas en arrecifes de granito
faros nocturnos algas de zapatos
redes de pesca y ostras y vidrieras de bares abandonados
mareas bajamar de playas y acantilados
sé testimonio de cuánto he malgastado
del trabajo operoso sin salario
tonterías y risas y embudos inesperados
de escaleras y silencios

Tú estabas allí
encarnada libertad que había soñado
y que el mar suavizaba
sin el valor de acercarte
pero en el corazón la certeza que nunca jamás olvidaría

qual mare di Denneville
dove l'ultima volta ti avevo amata
e lasciata nel tuo male
al mio ritorno

L'uomo che ha deciso di condannarsi
così riparte
con quel poco di dolore lasciato
a un'altra volta e quel poco di gioia
—vedrai le scriverò né spezzerò questa corda di vene
che ci unisce
e poi potrò tornarci se una volta è già stata—

Così la Bretagna e la Bassa Normandia
invitavano al calore del ricordo
fissavano un estremo al ritorno da grandi
con mogli sicurezze e l'incerto retrogusto
di un vino mal scelto

Ciò che andava cercato era tutto raccolto
in un angolo di casa dal tetto spiovente
di travi e di abbaini
sotto un manto di coperte
nel sonno che sorprende
mentre si ride si parla e un po' si straparla
di donne e di avventure

E noi eravamo noi proprio i pellegrini
senza fiato a piedi nudi nelle sabbie di Genêts
traversanti la Baia che invece a un monte
sospeso guardavamo come all'ultimo traguardo

ese mar de Denneville
donde por última vez te amé
y te abandoné en tu dolor
a mi vuelta

El hombre que ha decidido condenarse
así se marcha
con ese poco de dolor confiado
a una próxima vez y ese poco de alegría —verás le
escribiré ni destrozaré esta cuerda de venas
que nos une
y después podré volver si una vez ya estuve—

Así la Bretaña y la Baja Normandía
invitaban al calor del recuerdo
apuntaban a un extremo a volver de mayores
con esposas seguridad y el incierto sabor
de un vino mal elegido

Lo que se venía buscando estaba todo recogido
en una esquina de casa del techo que desciende
con vigas y claraboyas
bajo una capa de mantas
en el sueño que sorprende
mientras se ríe y se habla y un poco se divaga
de mujeres y aventuras

Y nosotros éramos nosotros los peregrinos
sin aliento a pies descalzos por la arena de Genêts
atravesando la bahía que, como a una montaña
suspendida, contemplábamos como la última meta

al vero da capire
un poco ingannandoci
tenendoci per mano

Etrétat, luglio 1997
da Nel corpo tuo rimorso, Crocetti, 2002

la verdad que comprender
engañándonos un poco
cogidos de la mano

La notte che eterea effonde

La notte che eterea effonde
creando e disfacendo il calice del mondo
l'infanzia che incombe ricorre nell'ombra
eppure non s'arrende davanti al tuo portone
il giudice che addita
la croce e la delizia del paradigma
non dolo non volo eppure bisogna

Bisogna glielo dica —solo questo aspettavo
mentre lasciavo la soglia della casa
l'interdizione antica stampata nella carne
che il figlio non possa più in alto del padre—
e lei che così morbida vestita nel bianco
assolato dei vent'anni che ormai da più giorni
all'uscita di scuola aspettava l'estate
del primo bacio dei pugni chiusi —pensavo
Signore quale distanza commette l'amore
me così in guerra lei così serena—

Mio amore mio nel sogno
ho troppe e troppe cose da dirti insospese
sul filo dei secoli che ho dovuto annodare
viaggiare più veloce delle cose che sfuggono
di te che scendevi nell'ileo del sogno
di me che sul bivio ogni volta esitavo
chi sono o chi ero ma se uno all'inizio
sei felice —avesse chiesto—
ch'ero troppo e leggero
e che un giorno avrei pagato

La noche que etérea fluye

La noche que etérea fluye
creando y deshaciendo el cáliz del mundo
la infancia que amenaza recurre en la sombra
y sin embargo no desiste delante de tu puerta
el juez que indica
la cruz y la delicia del paradigma
ni duelo ni vuelo y sin embargo tienes

Tengo que decírselo —sólo una cosa me esperaba
mientras dejaba el umbral de la casa
la interdicción antigua estampada en la carne
que el hijo no llegue más lejos que el padre—
y ella tan suave vestida de blanco
soleado de veinte años que ya desde esos días
a la salida del colegio esperaba el verano
del primer beso de puños cerrados —pensaba
Señor qué distancia comete el amor
yo tan en guerra y ella tan serena—

Mi amor mío en el sueño
tengo demasiadas cosas que decirte suspendidas
en el filo de siglos que he tenido que anudar
viajar más rápido que las cosas que huyen
de ti que desciendes por el ilion del sueño
de mí que en la encrucijada siempre dudaba
quién soy quién era pero si alguien al principio
eres feliz —me hubiese preguntado—
que era demasiado y ligero
y que un día lo pagaría

La tua follia dischiusa al sorriso
improvviso che uno al primo amore
dimostra incosciente paradiso di colori
rosso giallo e l'umido tra i petali che s'aprono
sbocciata svelata in quel lenzuolo sulla spiaggia
che morbido avvolgeva tutto il bello del mondo
e più non c'è altro bisogno né credo
sei tutto il cielo —avevi detto
le braccia levando mentre ti stringevo
mangiandoti a sbafo sentendoti gridare
affermare al tuo culmine

La tua follia di quando correvamo vogliosi
ed impazienti le scese del tuo parco
e sotto la cerniera fremente del tuo Levi's
dicevi —non c'è niente baciamoci per strada
nel cinema all'aperto in un angolo alla metro
bagnati di pioggia d'estate ed avventati
dimènticati il padre qualunque cosa sia
è nostra la vita—

la nostra follia sfilata sui sedili
la gonna e la camicia l'esposta frenesia
tu nuda e sfinita bellissima e nudata
di che l'amore sporca
di scrupolo e vergogna
ch'è adesso che ti amo e sei tu la mia gioia
presente mia storia che in te si rinnova
per cento e mille notti

Tu locura entreabierta a la sonrisa
repentina que uno en el primer amor
muestra inconsciente paraíso de colores
rojo amarillo mojado entre los pétalos que se abren
desabotonada desvelada en esa sábana en la playa
que suave envolvía toda la belleza del mundo
y más no se necesita más ni creo —eres todo
el cielo— decías
brazos alzando mientras te abrazaba
comiéndote de gorra sintiéndote gritar
afirmar en tu culmen

Tu locura cuando corríamos deseosos
e impacientes las laderas de tu parque
y bajo el cierre ardiente de tus Levi's
decías —no hay nada besémonos por la calle
en el cine al aire libre en la esquina en el metro
empapados de lluvia de verano y a lo loco
olvídate de tu padre o lo que sea
la vida es nuestra—

nuestra locura desfila sobre los asientos
la falda la camisa el expuesto frenesí
tú desnuda y agotada bellísima y desvestida
di que el amor ensucia
de escrúpulo y vergüenza
que ahora que te amo y eres tú mi alegría
presente mi historia que en ti se renueva
por cien y mil noches

ch'è adesso che ti amo
mia terra e paradiso soffiato tra i capelli
tra i seni e le ginocchia
che sfioro discopro risalgo in cui mi perdo
e tutto era insieme tua gioia mia gioia saziate
ugualmente ché ancora ti amo davvero ed ignaro
se per il tuo nome di interno berlinese
o per la mia attesa che ti aveva creata
segreto immarcescibile di colpa e di pulsione
vita aggressione

La tua follia scappare via
che importa a Milano che sia il teatro
sia la poesia sianche il diavolo
ma lasciami un figlio che almeno ricordi
che porti i tuoi occhi

Mio amore disperato e tua follia
non ero più niente eppure esistevo
per tante e tante lettere per ore al tuo telefono
—anche l'amore vi avrei fatto—
anche l'orrore l'amputazione di camere ostetriche
l'incesto la dilazione del padre della madre
qualunque copione che tu mi cucivi
perché ti divertissi
perché corrispondessi a come mi volevi
—l'avessi potuto mi sarei annullata
anche per te avrei pianto
quando mi tradivi iniettandomi veleno
quando pure ogni tuo bacio per me era il primo
il giorno dopo al mattino dal fondo di memoria

que ahora que te amo
mi tierra y paraíso sopla entre tu pelo
entre tus pechos y rodillas
que acaricio descubro remonto en los que me pierdo
y todo estaba unido tu alegría mi alegría saciadas
y todavía te amo igual y ajeno
si por tu nombre de interior berlinés
o por mi espera que te había creado
secreto que no marchita de culpa y de pulsión
vida agresión

Tu locura escapar
qué importa que en Milán haya teatro
poesía o incluso el diablo
pero déjame un hijo al que al menos recuerde
que lleve tus ojos

Mi amor desesperado y tu locura
yo ya no era nada pero existía
por tantas tantas cartas por las horas al teléfono
—incluso el amor te habría hecho—
y el horror la amputación de salas obstetricias
el incesto la dilación del padre de la madre
cualquier guion que tú me tejías
para que te divirtiese
para que correspondiese a cómo me querías
—si hubiese podido me habría anulado
y por ti habría llorado
cuando me traicionabas inyectándome veneno
cuando cada uno de tus besos para mí era el primero
el día después por la mañana desde el fondo de memoria

se solo mi chiamavi e mi prendevi—
ma lasciami un figlio che viva per sempre
e ti assomigli

La tua follia normale incontenuta
che il tempo annullava che il corpo e la vergogna
che infanzia infondeva per sempre ed ancora
era quello che cercavo io ero tu eri
mito incarnato riscattata morte

Franzi mio amore
non posso arrestarmi di chiamarti di sognarti
non posso che amarti in ogni terra sconsacrata
cui il vento mi spinge di insania di nevrosi
in cui ti cerco stesso corpo stesso nome
metro di misura di altro amore
pietra miliare sulla strada che ho corso
creando e disfacendo ciò che è stato interrotto
dalla tua morte e più non so vivere
il mondo è svuotato la pagina bianca
penosa ricerca il lavoro ben fatto
inutile un'altra
impossibile amore

Se uno muore è già morto
se uno ama è già amato
ma i miei giorni passano nel dubbio
che forse avrei dovuto rincorrerti all'altare
rincorrerti a scuola rincorrerti ancora
e non questa corsa finita nel mezzo degli anni
del corpo mezzo dentro mezzo fuori

si solo me llamabas y me cogías—
pero déjame un hijo que viva para siempre
y que se te asemeje

Tu locura normal incontenida
que el tiempo anulaba que el cuerpo y la vergüenza
que infancia infundía por siempre y todavía
era lo que buscaba yo era tú eras
mito encarnado rescatada muerte

Franzi amor mío
no puedo dejar de llamarte y soñarte
no puedo más que amarte en cada tierra profanada
donde el viento me empuja de insania de neurosis
en que te busco el mismo cuerpo el mismo nombre
medidas altura de otro amor
piedra miliar en la calle recorrida
creando y deshaciendo lo que ha sido interrumpido
desde tu muerte ya no sé vivir
el mundo está vacío la página en blanco
penosa volver a buscar el trabajo bien hecho
otra es inútil
amor imposible

Si uno muere ya está muerto
si uno ama ya es amado
pero mis días pasan entre dudas
quizás debería haberte perseguido hasta el altar
perseguirte en la escuela seguir persiguiéndote
y no este viaje terminado en medio de los años
del cuerpo medio dentro medio fuera

nato morto morso rimorso
gioco dovere l'asfissia l'aria
tu ed ogni altra

Se ci penso quale condanna
farti fuori per amare
dover scrivere per vivere

Napoli, 1991
da Nel corpo tuo rimorso, Crocetti, 2002

nacido muerto mordido arrepentido
juego deber la asfixia y el aire
tú y cualquier otra

Si lo pienso qué condena
dejarte ir para amar
tener que escribir para vivir

Piccola imperfetta
notte distante
irrisolta dilatata
scherzo terrore
moglie né forse
ogni volta l'altrove
fiore inviolato raggiunto
perduto sfuggita leggera
voltata di schiena
la fretta dei mattini
i figli gli asili
stanca franca
afasica vulcanica
fresca sorpresa
imprevisto e sorriso

forse domani
mi ami ti perderai

da Nel corpo tuo rimorso, Crocetti, 2002

Pequeña imperfecta
noche distante
irresoluta dilatada
broma terror
mujer ni tal vez
siempre otro lugar
flor intacta alcanzada
perdido huida ligera
girada de espaldas
la prisa de las mañanas
los hijos las guarderías
cansada franca
afásica volcánica
fresca sorprendida
imprevisto y sonrisa

tal vez mañana
me ames te perderás

Che tu mi abbracciassi
correndomi incontro
col vento e la follia

e che mi dicessi
che è solo il mio freddo
perdendomi nel corpo

o che almeno non posso
tremando nella voce

da Nel corpo tuo rimorso, Crocetti, 2002

Que tú me abrazases
corriendo hacia mí
con el viento y la locura

y que me dijeses
que es sólo mi frío
perdiéndome en el cuerpo

o que al menos no puedo
temblando la voz

È troppo ciò che chiedi
trent'anni di sogni che scorrono
nel sangue di pene e di promesse
a tuo nome da assegnare
senz'altro contrattare la sera
che un mezzo finto orgasmo
per me e forse manco

da Nel corpo tuo rimorso, Crocetti, 2002

Es demasiado lo que pides
treinta años de sueños que fluyen
por la sangre de penas y promesas
asignadas a tu nombre
sin otra negociación por la noche
que un orgasmo medio fingido
por mí y tal vez ni eso

Torna da me per un momento
ti prego fa' finta —chessò
per sacrificio per rimorso—
dammi un bacio una promessa
una volta per lo meno
fai finta d'esser me

da Nel corpo tuo rimorso, Crocetti, 2002

Vuelve a mí por un momento
te lo ruego actúa como si —qué sé yo
por sacrificio por remordimiento—
dame un beso una promesa
una vez por lo menos
actúa como si fueses yo

Le undici
sono rientrato
le solite riviste sul tavolo
noiose
la mosca sul vetro
finalmente tacitata
e il fiore tuo sfiorito
a cui mi rassomiglio
tentando di resistere

da Nel corpo tuo rimorso, Crocetti, 2002

Las once
he vuelto
las revistas de siempre en la mesa
aburridas
la mosca sobre el cristal
finalmente acallada
y tu flor marchita
a la que me parezco
intentando resistir

Non ricordo come finì in quell'occasione.
Doveva essere settembre ore diciotto fine turno.
Si avvicinò alla vetrina illuminata dal neon
perché fosse più chiara la lama dei suoi denti:
credo che non… ti amo ma… non è come credi.

Fu un brivido appena.
Mi guardai nella pozza dell'asfalto.
Mi era forse sfuggito l'inizio del discorso
o i sospensivi. Hai il rossetto sbavato
—soggiunsi.

da Nel corpo tuo rimorso, Crocetti, 2002

No recuerdo cómo terminé en aquella ocasión.
Debía de ser septiembre, las seis, final de turno.
Se acercó al escaparate iluminado de neón,
para que se viese más claro el filo de sus dientes:
creo que no... te quiero, pero... no es lo que crees...

Fue tan sólo un escalofrío.
Me miré en el charco del asfalto.
Quizás se me escapó el principio del discurso
o los suspensivos. —Tienes una mancha de pintalabios
—añadí.

A volte passeggiamo io e te
per qualche strada di qualche città.
Non vedo niente io
troppo angosciato dal tuo viso troppo legato.
Non vedi niente tu troppo lontana leggera:
ti volti sorridi cambi passo.
Fermati amore considera il baratro
guarda le mie mani ferite per tenerti.
Sii dolce. Il vento precipita gli aerei.
Abbi cura di te.

da Nel corpo tuo rimorso, Crocetti, 2002

A veces paseamos, tú y yo,
por alguna calle, de alguna ciudad.
Yo no veo nada
demasiado atormentado por tu rostro
    demasiado ligado.
Tú no ves nada demasiado lejana ligera
te giras sonríes cambias el paso.
Párate amor considera el abismo
mira mis manos, heridas de sujetarte.
Sé dulce. El viento derrumba a los aviones.
Ten cuidado.

Amare è inoltrarsi uscire in mare aperto
senza bussola senza cognizioni
attendere a un approdo di là della speranza
a un incontro di là della ragione.
Il resto è sofferenza. Tutt'al più.

da Nel corpo tuo rimorso, Crocetti, 2002

Amar es adentrarse salir a mar abierto
sin brújula, sin cogniciones
esperar un embarcadero más allá de la esperanza
un encuentro más allá de la razón.
El resto es sufrimiento. A lo sumo.

Vieni a prendermi se puoi,
sono solo, ho bisogno di te.
Vieni a prendermi se puoi.
La cena si fredderà, la mangeremo così;
la gita programmata la faremo più avanti,
quando le stagioni si saranno già aperte.

È il tempo della privazione, questo.
Gli alberi si stanno spogliando per andare a letto.
I fiumi si ritirano nel letto, filiformi ed invisibili.
Io e te ci tocca affondare nella neve,
tracciare una strada per la nuova primavera,
dedicarci alla speranza.

Ven a por mí, si puedes,
estoy solo, te necesito.
Ven a por mí, si puedes.
La cena se enfriará, la comeremos así;
la excursión programada la haremos más adelante,
cuando las estaciones estén más claras.

Es el momento de privarse, este.
Los arboles se están desnudando para irse a la cama.
Los ríos se retiran a la cama, filiformes e invisibles.
A ti y a mí nos toca hundirnos en la nieve,
trazar un camino hacia la nueva primavera,
dedicarnos a la esperanza.

Soltanto l'uomo profondamente solo può viaggiare
nel treno di notte, senza prender sonno,
passando le ore a guardarsi nello specchio,
andare avanti e indietro nel vagone letto,
sobbalzando ad ogni scambio di rotaie,
e quando è l'alba scivolare in silenzio dal finestrino,
inghiottito fra cielo e mare.

Solamente el hombre profundamente solo puede viajar
en el tren de noche sin quedarse dormido,
pasando las horas mirándose en el espejo,
caminando hacia adelante y hacia atrás en el coche cama,
sacudido por cada cambio de carril,
y cuando llega el amanecer deslizarse en silencio por la
ventanilla,
engullido entre el cielo y el mar.

Ho incontrato un uomo per strada.
Era una di quelle giornate in cui la terra ti impaurisce,
nuvole nere, foriere di pioggia cattiva, un vento basso, freddo,
che spezza i virgulti. Era solo, ero solo anch'io.
Cosa abbiamo appreso oggi —gli ho chiesto—?
E cosa abbiamo disperso invece?
Mi sembra di essere rimasto solo —ha biascicato—.
Gli uomini, in masse, hanno lasciato i villaggi, tralasciando i mali.
Sono andati altrove, per costruire una Babele e finirla con la follia.
Qui c'è rimasta soltanto l'ombra, che è ricordo, poesia, malinconia,
la dimensione di una perdita totale.
Io sono rimasto a completare l'opera, affinché non rimangano tracce.
Ho seppellito mia moglie, bruciato la casa; ho tagliato anche le piante,
tutte, per non avere rimpianti.
Ho lasciato in piedi il vecchio ulivo, per impiccarci i cani.

da La dimensione della perdita, Nicola Crocetti, Milano, 2016

Me he encontrado a un hombre por la calle.
Era uno de esos días en los que la tierra te asusta,
nubes negras, anuncio de lluvia violenta, un viento bajo, frío,
que destroza los arbustos. Estaba solo, yo también estaba solo.
¿De qué nos hemos enterado hoy? —le he preguntado—.
Y en cambio, ¿qué nos hemos perdido?
Me parece que me he quedado solo —ha mascullado—.
Los hombres, en masa, han dejado los pueblos, olvidando los males.
Se han ido a otra parte, para construir una Babel y terminarla con la locura.
Aquí se ha quedado solamente la sombra, que es un recuerdo, poesía, melancolía,
la dimensión de una pérdida total.
Yo me he quedado para completar la obra, para que no queden rastros.
He enterrado a mi mujer, quemado la casa; también he cortado las plantas,
todas, para no echar de menos.
He dejado en pie el viejo olivo, para colgar a los perros.

Oggi le terme sono chiuse. Ci sono andato per sbaglio.
La porta era aperta. Più oltre, soltanto i controllori.
Mi ci sono intrufolato. Ho percorso i corridoi, uno dopo
    l'altro,
fino alla vasca; mi sono spogliato e immerso.
Là sotto ho ritrovato tutti gli altri.
Mi sorridevano, si compiacevano della bella giornata
    e della compagnia.
È che qui stiamo bene —hanno detto—, finalmente sospesi;
non abbiamo più legami; l'acqua ci intride profondamente.
Preferiamo restare sommersi, e lasciare i guardiani
    a scrutare dai vetri.

da La dimensione della perdita, Nicola Crocetti, Milano, 2016

Hoy las termas están cerradas. He ido por equivocación.
La puerta estaba abierta. Más adentro, solamente los porteros.
Me he colado. He recorrido los pasillos, uno tras otro,
hasta la piscina; me he desvestido y sumergido.
Allí abajo he encontrado a todos los demás.
Me sonreían, se complacían del buen día y de la compañía.
Es que aquí estamos bien —han dicho— finalmente suspendidos;
no tenemos más compromisos; el agua nos cubre completamente.
Preferimos quedarnos sumergidos, y dejar que los vigilantes nos escruten desde los cristales.

Certe sere passano a correggere poesie già scritte,
così, tanto per restare fedeli al mestiere. Succede,
quando non hai nulla da dire ma non sai rinunciare.
Certe vite passano a riparare gli errori commessi,
le perdite subite o inflitte,
giusto per mestiere, senza un orizzonte, senza desiderio,
senza apprendere niente.
Si va avanti per abitudine, senza il coraggio di smettere.

da La dimensione della perdita, Nicola Crocetti, Milano, 2016

Ciertas noches se pasan corrigiendo poemas ya escritos,
así, simplemente para seguir fieles al oficio. Sucede,
que no tienes nada que decir, pero no sabes renunciar a
decir algo.
Ciertas vidas pasan enmendando errores cometidos,
pérdidas sufridas o infligidas,
precisamente por oficio, sin un horizonte, sin deseo,
sin enterarse de nada.
Se sigue adelante por costumbre, sin el valor para dejarlo.

Come da un grandangolo.
Un ragazzo africano è in primo piano, a sinistra.
Magro, malandato, cammina su una bici innocente, quasi
fermo.
Più in lontananza, verso il centro dello sguardo,
uno spazio che si perde all'infinito,
un campo di grano deserto, desolato,
un borgo silenzioso, cadente, disabitato.
Il vento smuove le cose, solleva polvere,
fa sbattere imposte, ma tutto in silenzio, in silenzio.

Stavo passando di lì in macchina, coi miei pensieri.
L'ho sorpassato da destra, lentamente.
Come filmando un ciclista,
la sua fatica, il respiro stanco, la sua faccia scioccata.
Dal finestrino, andando veloce, ho guardato prima di lui,
e ho avuto paura.
Ho visto lo spazio perdersi a vista d'occhio,
la sua solitudine tragica, assoluta,
l'abbandono della casa per andare verso il nulla.
Ho avuto paura, tanta paura.
—È tutto da percorrere, e lui non lo sa ancora—.

da La dimensione della perdita, Nicola Crocetti, Milano, 2016

Como desde un gran angular.
Un chico africano en primer plano, a la izquierda.
Delgado, descuidado, se desplaza en una inocente bici,
    está casi parado.
Más a lo lejos, hacia el centro de la mirada,
un espacio que se pierde hacia el infinito,
un campo de trigo desierto, desolado,
un barrio silencioso, decadente, deshabitado.
El viento mueve las cosas, eleva el polvo,
golpea las persianas, pero todo en silencio, en silencio.

Pasaba por allí en coche, con mis pensamientos.
Lo he adelantado por la derecha, lentamente.
Como filmando a un ciclista,
su cansancio, la fatiga al respirar, su cara descompuesta.
Por la ventana, yendo rápido, he mirado antes que él
y he tenido miedo.
He visto el espacio perderse en un abrir y cerrar de ojos,
su trágica soledad, absoluta,
abandonar la casa para ir hacia la nada.
He tenido miedo, mucho miedo.
—Le queda todo por recorrer, y aún no lo sabe—.

La bella estate è finita,
come finisce uno sguardo, un sorriso, un bacio prima
dell'addio;
come si spegne il televisore sul mondo in festa,
come si chiude una finestra, silenziosa, dietro le spalle.
La bella estate dei ritorni dal mare,
degli amori vecchi e nuovi, dei ricordi inventati.

Se mai un giorno ritorneremo vivi dovremo cercarle le
parole,
per raccontare cos'è stata questa felicità e questa perdita,
dopo la quale non sei più com'eri,
in piedi nel primo mattino del nuovo inverno.

da La dimensione della perdita, Nicola Crocetti, Milano, 2016

El bello verano ha terminado,
como termina una mirada, una sonrisa, un beso antes del
adiós;
como se apaga el televisor sobre el mundo festivo,
como se cierra una ventana, silenciosa, a nuestra espalda.
El bello verano de la vuelta al mar,
de los amores viejos y nuevos, de los recuerdos inventados.

Si acaso un día volvemos vivos deberemos buscar las
palabras,
para contar qué fue esta felicidad y esta pérdida,
después de la cual no eres más como eras,
de pie en la primera mañana del nuevo invierno.

Non vedi l'evidente? Appena ritorniamo in questa
casa subiamo
una metamorfosi. Ci crescono i peli sulle cosce, sulle
braccia, sulle dita;
le unghie s'allungano. Ci spuntano i canini, appuntiti,
la voce si fa scura, minacciosa, mannara. Ci laceriamo,
siamo affamati,
siamo bestie lanciate contro i figli; la sera ci vengono a
acchiappare,
c'incatenano alle mura della strada perché non si diventi
più aggressivi
una volta tornata l'alba, una volta ritornati umani finti.
Ma sì, dai, è una favola —sto scherzando—; c'è un bel
sole fuori,
cosa vuoi per pranzo amore?

da La dimensione della perdita, Nicola Crocetti, Milano, 2016

¿No ves lo evidente? En cuanto volvemos a esta casa
sufrimos
una metamorfosis. Nos crece vello en los muslos, en los
brazos, en los dedos;
las uñas crecen. Nos asoman los colmillos, afilados,
la voz se vuelve oscura, amenazante, cortante. Nos
desgarramos,
estamos hambrientos,
somos bestias que se lanzan contra los hijos, por la noche
vienen a atraparnos,
nos encadenan a los muros de la calle para no volvernos
más agresivos
una vez que amanezca, una vez que vuelvan los humanos
aparentes.
Pues sí, claro, es un cuento —estoy bromeando— hace
sol fuera,
¿qué quieres comer, mi amor?

L'autunno comincia quando dormi da un'altra parte.
Dici che hai i dolori, e ce li hai,
che nel sonno t'inseguono i fantasmi, che lei russa,
oppure che la bimba si mette di traverso.
L'autunno dell'amore, intendo, quando ti separi dal branco,
presentendo che sei vecchio, sei diverso, sei di troppo.
Loro —madre e figli— sono giovani e concordi,
si ritrovano su tutto.
Sei tu l'eccezione, la variabile indesiderata,
l'insoddisfazione da espungere.

da La dimensione della perdita, Nicola Crocetti, Milano, 2016

El otoño empieza cuando duermes en otra parte.
Dices que tienes dolores, y los tienes,
que en los sueños te persiguen fantasmas, que ella ronca
o que la niña se pone en medio.
El otoño del amor, me parece, cuando te separas de la manada,
presintiendo que eres viejo, eres diferente, eres demasiado.
Ellos —madre e hijos— son jóvenes y concordes,
se reconocen en todo.
Tú eres la excepción, la variable indeseada,
la insatisfacción que eliminar.

Dal buio è emersa quest'alba fredda, immobile,
questo grigio che si stende sul mondo come una tela
trasparente.
Ci su muove cauti, privi dell'orientamento del sole o
delle nuvole.
Quest'oggi si tratterà di sopravvivere —penso—;
ciò che doveva morire è morto,
ciò che la vita ci ha dato è ormai raccolto.
È tempo di attesa, questo.
Non abbiamo altro da fare, nessuno da invocare;
restiamo piegati sul pozzo,
Il nostro viso ci spaventa, ci paralizza.
L'abbiamo guardato, purtroppo.
È tempo di desolazione, questo.

da La dimensione della perdita, Nicola Crocetti, Milano, 2016

De la oscuridad ha emergido este amanecer frío, inmóvil,
este gris que se extiende sobre el mundo como una tela
transparente.
Nos movemos cautelosos, desprovistos de la orientación del
sol o de las nubes.
El día de hoy consistirá en sobrevivir —pienso que—
lo que debía morir ha muerto,
lo que la vida nos ha dado, ya lo he recogido.
Es tiempo de espera, este.
No tenemos otra cosa que hacer, nadie a quien invocar,
seguimos asomados al pozo,
nuestro rostro nos asusta, nos paraliza.
Por desgracia, lo hemos mirado.
Es tiempo de desolación, este.

Sentimmo bussare alla porta. Non aspettavamo più nessuno,
nessuno ci aspettava più, da anni. Ci guardammo,
chiedendoci chi di noi avrebbe dovuto rischiare la vita, e
aprire la porta.
Toccò all'ospite il compito ingrato.
Il vento sembrava cieco, disorientato, infreddolito.
Nonostante l'arcana paura, nonostante il nostro terrore
umano,
il vento ci chiedeva riposo, si mostrava nudo, ci implorava il
perdono.
L'ospite, lo straniero, gli aveva offerto una vela da gonfiare.
L'aveva invitato ed accolto.

da La dimensione della perdita, Nicola Crocetti, Milano, 2016

Escuchamos llamar a la puerta. No esperábamos a nadie,
nadie nos esperaba desde hacía años. Nos miramos,
preguntándonos quién debería arriesgar la vida y abrir la
puerta.
Le tocó al anfitrión la tarea ingrata.
El viento parecía ciego, desorientado, enfriado.
A pesar del misterioso miedo, a pesar de nuestro terror
humano,
el viento nos pedía calma, se mostraba desnudo,
nos imploraba perdón.
El huésped, el extraño, le había ofrecido unas velas que
largar.
Lo había invitado y acogido.

Quando uscimmo all'aperto, gli altri se n'erano andati.
Avevamo tutti la sensazione di qualcosa di sospeso, o forse
d'incompleto.
Era il tempo, il tempo passato, ridotto ad osso, a vestigia.
La compagnia di giro era transitata anni prima,
lasciando sulla battigia qualche maschera di cartone.
Qualcuno ne raccolse un pezzo, se lo mise in volto, cominciò
a ballare
mimando Dioniso,
a recitare la parte di se stesso prima della catastrofe.
Doveva essere bello. Qualcun altro si avvicinò alla vite,
lentamente,
mimando il gesto della vendemmia.
Improvvisamente la mano gli si staccò.
Un guanto di cartapesta, posato sui tralci forse per
spaventare i passeri.
Non aveva guadato con attenzione.
Tutto il suo braccio, tutto il suo corpo, forse anche il sorriso,
era stato maschera, un tempo.

da La dimensione della perdita, Nicola Crocetti, Milano, 2016

Cuando salimos afuera, los otros se habían ido.
Todos teníamos la sensación de algo suspendido, o tal vez
incompleto.
Era el tiempo, el tiempo pasado, reducido a hueso, a vestigio.
La compañía de teatro había pasado años antes,
dejando sobre la orilla alguna máscara de cartón.
Alguien recogió un trozo, se lo puso en el rostro, empezó a
bailar
imitando a Dionisio,
a interpretar la parte de él mismo antes de la catástrofe.
Debía de ser bonito. Algún otro se acercó a las viñas,
lentamente,
imitando el gesto de la vendimia.
De repente la mano se le desprendió.
Un guante de cartón piedra, posado en los sarmientos,
tal vez para asustar a los gorriones.
No había mirado con atención.
Todo su brazo, todo su cuerpo, tal vez también la sonrisa,
había sido máscara, un tiempo.

Si incamminarono al mattino presto, prestissimo.
La notte era fonda.
La baia da traversare estesa, pericolosa, profonda.
Il mare li sommergeva quasi. Non c'erano guide, né
rotte sicure.
Nessuno ci aveva provato ancora.
Camminavano lenti, ciascuno con le proprie angosce,
col proprio minuscolo uomo da trasbordare.
Camminavano in silenzio, ciascuno da solo con se stesso.

Avevano cercato tutto, tranne la felicità.
Avevano trovato tutto, tranne l'amore.

da La dimensione della perdita, Nicola Crocetti, Milano, 2016

Se encaminaron por la mañana temprano, tempranísimo.
Era plena noche.
La bahía que atravesar amplia, peligrosa, profunda.
El mar casi los cubría. No había guías, ni rutas seguras.
Ninguno lo había intentado antes.
Caminaban lentos, cada uno con sus propias angustias,
con el propio minúsculo hombre que transbordar.
Caminaban en silencio, cada uno solo consigo mismo.

Lo habían buscado todo, salvo la felicidad.
Lo habían encontrado todo, salvo el amor.

Quando veniva giù dai valichi di confine era sempre disfatto,
disfatto ed affranto. Avea perso ogni volta qualcosa di se stesso.
Faceva il contrabbandiere, come molti d'altronde in quel tempo di miseria,
Contrabbandiere particolare però, poiché non di sale, di soldi
o di tabacco si occupava,
ma di lettere scritte "a mano", lettere d'amore.
Capitava che per pigrizia, per la troppa distanza, per mancanza di mezzi
o anche per l'indisponibilità dell'amato,
un amante non riuscisse a recapitare il proprio amore,
l'intensità del proprio amore.
Allora il contrabbandiere si incaricava di fare da tramite.
Si recava a casa dell'amante e con lui si rinchiudeva per tre giorni e tre notti,
parlando con lui, giacendo con lui, piangendo insieme a lui,
in modo da compenetrarsi completamente con la sua pena
ed assumerne il carico di passione, disperazione, di desiderio.
Poi, una volta passato il valico con il sacco sulle spalle,
si faceva accogliere in casa dall'amato destinatario
e l'azione della trasposizione, della consegna, si ripeteva al contrario:
corriere ed amato giacevano a letto per tre giorni e tre notti,

Cuando bajaba de los pasos fronterizos estaba siempre
deshecho,
deshecho y desolado. Había perdido cada vez algo de sí
mismo.
Trabajaba de contrabandista, como muchos de otros
lugares
en aquel tiempo de miseria.
Contrabandista particular, sin embargo, ya que ni de
sal, dinero
o tabaco se ocupaba,
sino de cartas escritas «a mano», cartas de amor.
Ocurría que por pereza, por la gran distancia, o también
por la indisponibilidad del amado,
un amante no podía entregar su amor, la intensidad del
propio amor.
Entonces el contrabandista se encargaba de realizar el
trámite.
Se llegaba a casa del amante y con él se encerraba durante
tres días y tres noches,
hablando con él, yaciendo con él, llorando junto a él,
para así compenetrarse completamente con su pena
y asumir la carga de pasión, desesperación, de deseo.
Después, una vez atravesado el paso con el saco a los
hombros,
se dejaba acoger en casa del amado destinatario,
y la acción de la transposición, de la entrega, se repetía al
contrario:
cartero y amado yacían en la cama durante tres días y tres
noches,

di modo che l'amore avesse modo di passare di corpo in
corpo,
di anima in anima.
Ecco, era questo il mestiere compiuto di nascosto,
fare in modo che l'amore arrivasse da chi lo sentiva a chi
non l'aveva.
E spesso, quel trasporto, quel cammino faticoso, quella
consegna lo spossavano,
lo cambiavano per sempre.
Al ritorno non sapeva lui stesso chi era, se l'amato,
l'amante o il messo,
perché l'amore l'aveva vissuto, profondamente, ma se
l'era strappato di dosso,
per dovere, per donarlo, per far vivere un altro.

da La dimensione della perdita, Nicola Crocetti, Milano, 2016

de modo que el amor encontrase la manera de pasar de
cuerpo a cuerpo,
de alma a alma.
Ya está, así era la tarea que se cumplía a escondidas,
conseguir que el amor llegase desde aquel que lo sentía
a quien no lo tenía.
Y a menudo, ese transporte, ese camino fatigoso, esa
entrega lo agotaban,
lo cambiaban para siempre.
A la vuelta, él mismo no sabía quién era, si el amado,
el amante o el mensajero,
porque el amor lo había vivido, profundamente, pero
se lo había arrancado de encima,
por deber, para donarlo, para hacer vivir a otro.

Nel giardino che coltivo da anni, il conto tra la vita e la
morte
è ampiamente dispari.
Per ogni pianta che resiste, due muoiono.
Il freddo, il vento della neve, i parassiti e la caducità
hanno strappato moltissime piante.
Ho dovuto raccogliere il corpo dei fiori che avevo più
amato,
uno dopo l'altro, e seppellirli, coprirli di terra,
proprio loro, i fiori, che per terra hanno le gambe,
che per terra si nascondono a metà, la metà dimenticata,
quella che non profuma, ch'è difficile da amare.
Nonostante mi sia chinato sull'erba per molto tempo,
il diario di un giardiniere è il racconto di una perdita,
di un vuoto non colmato,
di un conto pareggiato solamente in primavera.

da La dimensione della perdita, Nicola Crocetti, Milano, 2016

En el jardín que cultivo desde hace años, la cuenta entre la vida
y la muerte es bastante impar.
Por cada planta que resiste, dos mueren.
El frío, el viento de la nieve, los parásitos y la caducidad
han arrebatado muchísimas plantas.
He tenido que recoger el cuerpo de las flores que más amaba,
uno tras otro, y enterrarlos, cubrirlos de tierra,
precisamente ellas, las flores, que bajo tierra tienen las piernas,
que bajo tierra esconden la mitad, la mitad olvidada,
la que no huele, la que es difícil de amar.
A pesar de inclinarme sobre la hierba por mucho tiempo,
el diario de un jardinero es la historia de una pérdida,
de un vacío no colmado,
de una cuenta igualada solamente en primavera.

Camminavano per le strade silenziose della sera.
Neve, neve, neve. Dovunque un bel tepore natalizio
una bianca coperta distesa sulle case, per consolare.
Guardavano le finestre illuminate per la festa,
lì nel borgo medievale;
dentro, persone serene, indaffarate le une con le altre.
Non c'era tristezza nei loro occhi, ma disincanto,
perdizione.
Non sapevano dove andare,
non sapevano che senso dare alla loro ammirazione
per quelle vite viste così, dalle finestre,
riscaldate, rassicurate, lente.
Non sapevano più nulla da molto tempo ormai.
Erano rimasti gli ultimi a sognare qualcos'altro.

da La dimensione della perdita, Nicola Crocetti, Milano, 2016

Caminaban por las calles silenciosas de la noche.
Nieve, nieve, nieve. Por todas partes la bella calidez
navideña,
una blanca manta extendida sobre las casas, para consolar.
Miraban las ventanas iluminadas por la fiesta,
allí en el barrio medieval;
dentro, personas serenas, ocupadas las unas con las otras.
No había tristeza en sus ojos, sino desencanto, perdición.
No sabían adónde ir,
no sabían qué sentido dar a su admiración
por aquellas vidas vistas así, desde las ventanas,
caldeadas, seguras, lentas.
No sabían nada desde hacía ya mucho tiempo.
Eran los únicos que se quedaron soñando con algo más.

Scendendo dalla collina s'accorsero che la luce del primo
pomeriggio si stava ritirando,
lasciando emergere particolari della scena mai prima notati.
I loro stessi visi stavano ritirandosi, scheletrizzati;
i loro abbracci lasciavano intravvedere dei segni sulle
braccia,
come cicatrici, come catene. E poi la voce,
le belle parole scambiate fino a allora si stavano abbrutendo,
private com'eran della forza, della luce, del calore.

Non l'avrebbero mai detto.
Stavano ammirando un cortometraggio, ma gli sembrava
vero.

da La dimensione della perdita, Nicola Crocetti, Milano, 2016

Bajando por la colina, se dieron cuenta de que la luz de la
primera tarde se estaba retirando,
dejando asomar detalles de la escena nunca antes percibidos.
Sus mismos rostros se estaban retirando, esqueléticos;
sus abrazos dejaban entrever unas marcas en los brazos,
como cicatrices, como cadenas. Y luego la voz,
las bellas palabras intercambiadas hasta entonces se
estaban deteriorando,
privadas como estaban de la fuerza, de la luz, del calor.

Nunca lo habrían imaginado.
Estaban admirando un cortometraje, pero les parecía real.

Così si compie l'inverno,
come una luce spegnendo sul buio della notte,
come un sipario sul tuo e nostro amore,
sulle cose, le illusioni che di solito sogniamo
    di fronte alle angosce.
L'inverno del cuore,
un suono che si perde dentro una litania,
una poesia da cui il senso fugge via,
il punto in cui silenzio prelude alla morte.
L'inverno del tempo
quand'è tempo di campare giorno dopo giorno,
scrivendo del presagio o del tramonto,
volendo esorcizzare.

Así se cumple el invierno,
como una luz que se apaga en la oscuridad de la noche,
como un telón ante tu amor y el nuestro,
sobre las cosas, las ilusiones que a veces soñamos
    frente a las aflicciones.
El invierno del corazón,
un sonido que se pierde en una letanía,
una poesía cuyo sentido se escapa,
el punto en el que el silencio preludia a la muerte.
El invierno del tiempo,
cuando es tiempo que sobrellevar día tras día,
escribiendo sobre presagios o atardeceres,
queriendo exorcizar.

Mancano pochi giorni alla fine dell'anno. Non solo di un anno,
ma di un periodo, di una stagione intera della nostra vita.
La casa è restaurata; il campo, arato e fecondato,
nostra figlia è cresciuta, il giorno è nuovamente tramontato.
Era notte quando siamo arrivati —ricordi?— , non c'era campo né casa.
Abbiamo dovuto fermarci e dissodare e ricostruire, nel freddo, da soli,
a mani nude. Ora questo è passato.
È ora di riprendere quel viaggio, in avanti o al contrario,
ricominciare con le poche parole che abbiamo salvato
della nostra storia.
Ti ringrazio di ciò che mi hai dato. Non dimenticare niente.
Non abituarti alla normalità.
Ricorda che gli uomini vengono prima dei princìpi,
e gli ultimi prima di tutto.
Abbi cura di meravigliarti ancora.
Ti amo.

da La dimensione della perdita, Nicola Crocetti, Milano, 2016

Faltan pocos días para el final del año. No sólo del año,
sino de un periodo, de una estación entera de nuestra vida.
La casa está restaurada; el campo, arado y fecundado,
nuestra hija ha crecido, el día ha anochecido de nuevo.
Era de noche cuando llegamos —¿te acuerdas?— no había campo ni casa.
Tuvimos que pararnos a trabajar y a reconstruir, con el frío, solos,
con las manos desnudas. Ahora esto es pasado.
Es hora de retomar aquel viaje, hacia adelante o al contrario,
volver a empezar con las pocas palabras que hemos salvado
de nuestra historia.
Te agradezco lo que me has dado. No te olvides de nada.
No te acostumbres a la normalidad.
Recuerda que los hombres vienen antes que los príncipes,
y los últimos antes de todo.
Procura seguir maravillándote.
Te amo.

Resta a casa, riposati,
concediti di attendermi senza più ansia.
Arriverà il tempo in cui la paura sarà scomparsa,
la paura di restare da sola, di perdersi per strada,
la rabbia d'aver steso la mano per un po' di vicinanza.
Arriverà quel tempo,
arriverò io stesso a rincuorarti, a riprenderti e giocare,
a dirti che ti amo, che l'infinità è nostra,
che siamo lontani persino dal presagio della morte,
e che se mancano i presagi allora siamo salvi.

da La dimensione della perdita, Nicola Crocetti, Milano, 2016

Quédate en casa, descansa,
permítete esperarme sin ansia.
Llegará el momento en el que el miedo habrá desaparecido,
el miedo a quedarte sola, de perderte por la calle,
la rabia de haber extendido la mano por un poco de cercanía.
Llegará el momento,
llegaré yo mismo a animarte, a recogerte y a jugar,
a decirte que te quiero, que la infinidad es nuestra,
que estamos alejados incluso del presagio de la muerte,
y que faltando los presagios, estamos a salvo.

L'uomo che si incammini dentro se stesso,
o che sia condannato a farlo, deve sapere che dentro di sé
c'è un mondo di persone amate odiate con cui ci
    mascheriamo,
ci fondiamo, ci perdiamo;
dev'essere conscio che quel cammino è costellato di morti
che fanno male, di ceneri che sembrano neve;
che passeggiandoci si sentirà più solo —non meno solo—;
si pentirà d'aver cominciato.
Sappia, lo sfortunato, che non c'è gloria in tutto questo,
c'è poco merito, nessun ringraziamento,
e che si vive più soli, si muore più soli.

da La dimensione della perdita, Nicola Crocetti, Milano, 2016

El hombre que se encamine hacia dentro de sí mismo,
o que sea condenado a hacerlo, debe saber que dentro
de él
hay un mundo de personas amadas odiadas con las que
nos disfrazamos,
nos fundimos, nos perdemos;
debe ser consciente de que ese camino está constelado
de muertos
que hacen daño, de cenizas que parecen nieve;
que paseando se sentirá más solo —no menos solo—;
se arrepentirá de haberlo empezado.
Que sepa el desafortunado, que no hay gloria en nada
de esto,
hay poco mérito, ningún agradecimiento,
y se vive más solo, se muere más solo.

Dopo tanti anni di reciproco silenzio lei gli dice
che avrebbero dovuto cambiare strada,
prendere e partire verso un mondo lontano,
di modo che si possa riprendere una vita più vicina.
Lei intende che così com'è diventata,
la loro storia sembra un film muto,
e forse pure quello ha paura che finisca.
Di qui la svolta, la remissione dell'ignavia e il nuovo inizio.
Non importa se è tardi, se tutto ciò che li animava s'è spento,
se la morte nell'anima di lei e di lui —così ricercata
per scongiurare l'infedeltà—
è ormai visibile dai visi, tirati e conformi, come sarcofaghi.
Dopotutto, cambieranno i calendari sul muro per aggiornare il tempo,
i mobili di casa per aggiornare lo spazio, e il tipo di materassi
per aggiornare l'amore.

da La dimensione della perdita, Nicola Crocetti, Milano, 2016

Después de tantos años de recíproco silencio, ella le dice
que deberían de haber cambiado la dirección,
coger y partir hacia un mundo lejano,
de modo que se pueda retomar una vida más cercana.
Ella cree que, habiéndose convertido en lo que es,
su historia parece una película de cine mudo
y, tal vez, también por eso, tiene miedo de que se termine.
De aquí el cambio, la remisión de la desidia y el nuevo comienzo.
No importa si es tarde, si todo lo que los animaba se ha apagado,
si la muerte en el alma de ella y de él —tan rebuscada para exorcizar la infidelidad—
está ya visible en los rostros, tirantes y conformes, como sarcófagos.
Después de todo, cambiarán los calendarios de la pared
para actualizar el tiempo,
los muebles de la casa para actualizar el espacio,
el tipo de colchón para actualizar el amor.

Ogni giorno che tolgo al nostro tempo,
mia stella adorata,
ogni ora sottratta a restare con te,
è un cielo buio nel quale ricado, una tristezza.
E non c'è niente, proprio niente che possa fermarmi.
Scivolo inerte tra la gente che svanisce.
Un armonio, poche note che si volgono alla fine.
C'è solo da rimpiangere d'averti lasciata,
c'è solo da rimpiangere la vita scambiata per le cose
    più futili,
e tornare da te, amore mio,
e non farlo mai più.

da La dimensione della perdita, Nicola Crocetti, Milano, 2016

Cada día que le quito a nuestros momentos,
mi estrella adorada,
cada hora que le quito al quedarme contigo,
es un cielo oscuro en el que recaigo, una tristeza.
Y no hay nada, absolutamente nada que pueda pararme.
Me deslizo inerte, entre gente que se desvanece.
Un piano, pocas notas que se dirigen al final.
Lo único de lo que arrepentirse el haberte dejado,
lo único de lo que arrepentirse la vida trocada por cosas
 inútiles,
y volver contigo, mi amor,
y no hacerlo nunca más.

Aspettami sottovento. Sarà più facile passeggiare,
o almeno camminare insieme.
Lo so, non l'abbiamo mai fatto noi due,
abbiam sempre faticato contro l'opinione comune
vincente,
e spesso, molto spesso, abbiamo perso.
Per cui adesso è come camuffarci, come inventarci
daccapo,
così, senza ombrello, senza impermeabile,
tenendoci per mano tra i giardini a Notre Dame.

da La dimensione della perdita, Nicola Crocetti, Milano, 2016

Espérame, sotavento. Será más fácil pasear,
o al menos caminar juntos.
Lo sé, nosotros nunca lo hemos hecho,
siempre hemos luchado contra la opinión común
ganadora,
y a menudo, muy a menudo, hemos perdido.
Por eso ahora toca como camuflarnos, como
inventarnos de nuevo,
así, sin paraguas, sin impermeable,
cogidos de la mano entre los jardines de Notre Dame.

Non rammaricarti amore mio. Vedrai
ci sarà un luogo in cui in cui vivremo lontani dai
 comitati,
dai commerci, dagli affari;
un tempo remoto ma certo, nel quale ci culleremo
su qualcosa di sognante, un pianoforte per esempio,
qualcosa che la mano di un bambino fa vibrare,
che pure la morte —così prosaica, concreta,
 burocratica—
fa vergognare.

da La dimensione della perdita, Nicola Crocetti, Milano, 2016

No te lamentes, mi amor. Verás
habrá un lugar en el que viviremos lejos de los comités,
de las tiendas, de los negocios;
un tiempo remoto, pero real, en el que nos acunaremos
sobre algo como de ensueño, un piano, por ejemplo,
algo que la mano de un niño haga vibrar,
que incluso a la muerte —tan prosaica, concreta,
    burocrática—
haga avergonzar.

It was

(Casi oscuro. Sin objetos. Nada concreto ni realista. En el centro, un espacio cuadrado, casi como una habitación, un lugar aislado suspendido sobre el mar, sobre la nada, cuyas paredes son de cristal, transparentes. Junto a él, un trozo de arcilla, relleno de cera, un banco, una mesa o una cama. La mujer, tal vez Crisótemis, se dirige a un interlocutor invisible:)

Ven, siéntate, ponte cómodo. Ven, anda.
Estoy hablando conmigo misma, como ves,
y es la primera vez que consigo corresponderme.
Siempre se aprende tarde, demasiado tarde, a envejecer,
o por lo menos a concentrarse en el momento de la muerte.
No es una elección, para nada.
Nadie elige la ausencia del amor, del tiempo, de la belleza.
La ausencia. Es lo que queda.
Basta con que mires a mi alrededor. No hay nada ni nadie
    aquí.
Una casa ya vacía, transparente, sin defensas,
obligada a observar más allá de sí misma o dentro de sí
    misma,
un vacío ensordecedor, el silencio.
Falta poco, en otra parte.
Dentro de poco volveré a la oscuridad de lo profundo
donde las cosas se presentan veraces y deformadas
—una boca abierta con dientes amenazantes;
un ojo inexpresivo y lloroso, un sexo enorme,
    sin principio ni final—;
una deformidad preparada, en mi caso, desde el nacimiento,
por la vergüenza, el deseo, un deseo inapagable.

Ocurre que, cuando vives sola, alucinas contigo misma,
deformas o desapareces una boca que besar,
un padre al que matar, una madre de pecho potente y
voluminoso.

He pasado mi juventud interpretando la escena inicial de
una película
sobre la pérdida y la nostalgia
en la que yo te espero en la puerta, y tú llegas
esplendoroso,
lleno de vida: «¡Ven, entra, ponte cómodo!».
Entonces entras, te sientas, empiezas a temblar, me abrazas,
me dices que en el fondo nuestro amor no ha terminado,
que todavía es como antes, que todavía es... todavía...
¡Nunca volviste!
He interpretado esta escena conmigo misma demasiadas
veces,
aunque siempre fui consciente de que sólo era una película.
Nunca me ha gustado mi existencia, siempre he tenido
que fantasear
para otorgarle ese aspecto bello y continuo a mi banal vida.

¿Te acuerdas de mi primera vieja amiga de verdad?
Tenía un aire de diva ella, guapa, creativa, inquieta.
Durante diez o quince años no nos separamos nunca,
ni siquiera un día;
si ella se vestía de morado, yo me vestía de morado,
si ella se compraba un botiquín, era para jugar conmigo;
si una se enamoraba, la otra también empezaba a temblar.
Nos hemos apoyado, confiado, escrito y descrito;
hemos estudiado, viajado, festejado, todo junto,

hasta que ella encontró a su... ¡príncipe azul!
Desde ese momento, ¡nada más!
Ni llamadas, cartas, vacaciones: ¡nada!
En ese hombre, todas sus inquietudes y su sagrado furor
se convirtieron en la inercia de la felicidad. ¡Qué envidia!
Ciertas mujeres revelan su verdadera naturaleza bajo el amparo
de una sábana de matrimonio,
bajo la cual han tenido la suerte de quedarse soñando, absortas, y retroceder.
Cubiertas por ese abrazo reconfortante, durante tanto tiempo reivindicado,
su rostro se encoge, la mirada se vuelve opaca,
todo el cuerpo empequeñece, empequeñece, empequeñece,
hasta convertirse de nuevo en niñas, rendidas entre los brazos de su papá. ¡Qué envidia! ¡Qué maravilla!
Cuando venía a verme, coloqué los pañitos bajo los jarrones de orquídeas;
encendía la lamparita, preparaba el incienso,
sacaba del frigorífico la tarta de queso que tanto le gustaba.
Después, después pasaba el tiempo, la película transcurría,
y yo me quedaba allí, detrás de la puerta, repitiendo en voz baja
mi perenne saludo: «Ven, siéntate, ponte cómodo...».
Y sin embargo nada, no sucedía nada, no llegaba nadie.
¡solo la repetición de ese único, idéntico fotograma
que daba la impresión de una instantánea, de una imagen inmóvil
y desenfocada en vez de una película!
¿Y mi hermano? Esperaba tanto verlo, mi hermano,
con el que pasar los veranos animándonos el uno al otro,

contándonos cómo se había roto nuestra familia y nuestra infancia,
y encontrásemos una razón, un sentido fundacional
de este sentimiento de pérdida que nos envuelve, nos compenetra,
como la niebla en la oscuridad del bosque.
¿Quién, sino un hermano, habría podido testimoniar el desconcierto
y el dolor de encontrarnos solos, indefensos,
en medio de una guerra de veinte años, de la que ignoras las razones
las consecuencias, las partes enfrentadas?
¿Quién mejor que un hermano habría podido testimoniar
que hubo una guerra,
ayudarme a tirar esas armaduras que recibimos como herencia,
esos aparatos inamovibles destinados a herrumbrarse en nuestro jardín?
Cuando prometía que vendría a verme, me ponía el mejor vestido;
le preparaba la mejor acogida, para que él también pudiese tener una familia,
también él, que todavía no tenía una familia.
Pero mi adorado hermano había escogido desde hacía tiempo no mirar más atrás. Tampoco él llegó.
Así fue.
Nadie más vino a mi casa a cautivarme o al menos a sentarse.
Ningún familiar se dignó a volver a honorarme como la reina que era
—a pesar de que mi reino hubiese sido más bien un calco
de algo que debería haber sido y no fue—;

ningún amante que haya tenido el valor o el deseo de
mirarme como a una mujer,
de tumbarme sobre una cama, cerrar mis ojos;
ninguna amiga que haya tenido la piedad o la inconsciencia
de ponerse aquí, cerca de mí,
a contemplar en silencio, la desaparición progresiva de
esta casa
de la que desaparecieron, por su propia cuenta,
las cortinas de las ventanas, los armarios, los utensilios
comunes,
hasta las paredes divisorias, todo,
excepto este haz de luz que nos revela, nos atraviesa,
como una jabalina hincada en la espalda.

Por eso —te estaba diciendo— me quedé aislada,
o quizás fui yo la que se aisló, vete tú a saber,
demasiado diferente, timidísima, inconstante.
Cuando era joven, mi hermano y mi padre se levantaban
temprano
para afeitarse, perfumarse y ponerse guapos,
sin poder esperar a salir de casa, llegar a la escuela
o a la academia, o incluso una alcoba,
un lugar en el que lucir la propia identidad;
—un traje de buzo impermeable y anónimo, sin agujeros—;
ese frenesí suyo me molestaba; envidiaba su seguridad.
Yo me había apartado, no porque me sintiese mejor,
más bien por pereza,
o quizás porque sabía con anterioridad que toda ocupación
no habría servido para liberarme de mí misma,
para absolverme de la dependencia que me unía a alguien,
siempre, incluso cuando no había nadie.

Yo no tenía nada que conquistar o presidiar.
Si hubiese sido por mí, seguiría siendo una niña,
habría gastado mi tiempo persiguiendo mariposas,
sumergiéndome entre las flores de magnolias, de
glicemias, de lilas;
permanecía en mi cama hasta casi media mañana;
era un jergón para mí, allí remoloneaba con gusto,
sin avergonzarme para nada.
Aislada en aquella cuna cotidiana, me concentraba para
resolver
esa tarea que yo misma me había asignado:
transformar toda la rabia que corría por la familia
en algo bueno y reconocido;
volver a colocar la sonrisa en esas máscaras de esfinges
que mis padres llevaban continuamente,
arreglar las cuentas con mi madre y mi padre.
Ese rol de mediadora me convenía
precisamente por mi sensibilidad y ambigüedad,
aunque me costaría la simplicidad,
la integridad, y el amor ante todo.

Qué cosa tan grande el amor —¿no crees?—, robusto,
bello.
Un árbol de rosas, sostenido por miles de raíces
contradictorias,
florido por miles de capullos variopintos,
tan expuesto a la intemperie, al abandono, a los
leñadores.
Yo fui concebida para amar —tal vez para el matrimonio,
como decían algunos—;
no hacía más que pensar en un chico guapo,

uno de esos deportistas fascinantes y tenebrosos que se agolpaban en el instituto,
con los que fantaseaba pasar noches al borde del mar,
entre cartas sentimentales y tórridas palabras.
Y como siempre, cuando buscamos ávidamente la mano de alguien que nos complete,
el amor llega pronto, para nada inesperado.
Tú también llegaste, demasiado pronto,
rizos castaños y suavísimos,
mirada tierna y absorbente, inteligencia aguda,
una mochila de proyectos y juramentos:
estar juntos, luchar juntos, invocar a un hijo,
viajar, jugar, desear lo deseable.
Cuánta determinación en aquellas promesas; cuánta verdad.
Parecías Ulises, Héctor, esos héroes indomables,
en los que la pasión juvenil habla en el lugar de la realidad.
Por otro lado, siempre has sido honesto,
no es por eso que se acabó; no es la falta de amor o de valentía.
Por desgracia era yo la que no estaba a la altura de tu amor,
de tu dedicación.
Incierta, demasiado dividida, complicada.
Incluso cuando reconocía que te necesitaba desesperadamente,
no sabía pedirte amor ni ayuda;
me encerraba en mi soberbia insuficiencia
esperando que tú vinieses a mi lado a contemplar,
a testimoniar lo que solamente yo podía hacer.

Desperdicié mi juventud, así, intentando comprender —o al menos mitigar—
el incomprensible livor de aquellos gigantes que atravesaban nuestra casa,

pisoteando todo aquello que encontraban en su camino.
Nadie había declarado esa guerra y sin embargo, había una guerra.
No había más remedio que aprender, y rápido, a tirarse al suelo,
bajo la mesa de la cocina, a lo largo de la pared del pasillo,
a tumbarse como un muerto, con la esperanza de que al menos muertos
pudiésemos permanecer concentrados en aquello que queríamos ser y soñar.
Ahora, esa imagen de mí, tumbada en el suelo
se ha convertido en una postura, una condición,
una pose conservada para no distraerme pensando en detalles irrisorios del pasado o de la vida cotidiana
Además, ¿qué hacer si no?
Con el tiempo, los muros de esta casa se han caído al desinterés,
y aquí no ha quedado nada más que este suelo apoyado en el aire, en el mar, en la nada,
y estas ventanas desnudas y transparentes;
un ojo dilatado de cristal por el cual no podemos sino mirar
hacia lo desconocido. ¿Lo ves? ¿Lo sientes?
No es lo que quería.

¡Dios mío! ¡Quiero salir de esta jaula!
Quiero sentarme fuera de mí, por una vez, lo quiero de verdad;
pero, ¿cómo salir de esta prisión sin encontrarse en una nueva y claustrofóbica prisión?
¿Estamos seguros de que salir de nosotros mismos

merezca la angustia y el esfuerzo de afrontar lo
desconocido?
Y, ¿cómo aguantar el deseo cuando todo a nuestro
alrededor se ha perdido?
¿Lo ves? Cuando estoy cansada y asustada, tiendo a
atormentarme, sin decir nada interesante, claro está.
Siempre me pasa que digo cosas dispares, incongruentes,
que a menudo se confunden las unas con las otras, o se
repiten;
no tiene un hilo mi historia, porque la historia que había
imaginado
para todos nosotros se interrumpió;
el hilo se ha roto, las perlas acabaron así, mezcladas,
dispersas;
cuando encuentro alguna, me parece inútil pensar dónde
tendría que ir.
Sigo adelante sin sentido, acercando el afecto y los
acontecimientos para salir del paso,
como si los hubiese reencontrado todos dentro de mí,
amontonados,
recuperando primero unos, después otros, desordenadamente,
de este montón que la vida ha barrido.

Así fue.
Siempre he sufrido una especie de inestabilidad cíclica,
a veces descarada, otras discreta;
una inestabilidad toda mía, aunque es difícil no dar
algo de importancia a los asuntos familiares, a la suerte,
a los ciclos naturales del sol y de la luna.
Mira esta habitación desnudada, por ejemplo, estas ventanas.
Por la noche, muy tarde, la luz se va,

dejándonos prestada una pequeña y tenue luz de interior,
con la que sólo podemos mirarnos a nosotros mismos,
de nuevo,reflejos, retratos inquietantes.
Pero de día, la luz vuelve a elevarse en el horizonte,
permitiéndonos mirar a otros lugares,
encontrar algo que vuelva a emerger de las vísceras del mundo,
algo con lo que fantasear.

Ven, siéntate aquí, cerca de mí.
Esta primavera es bonita, o al menos una estación propicia.
Lejos, en un lugar del mundo que es indiferente definir,
las espigas del trigo están madurando;
los campos se convierten en bosques, densos como laberintos,
en cuyo dédalo los niños corren a esconderse,
a esconder algo, aunque no sabría decir el qué.
Una madre está imaginando una escena doméstica
en la que se asoma a un balcón, la mirada socarrona hacia la lejanía,
mientras masculla algo sobre el amor por su hijo, como:
«Hazme caso, sé feliz, sabes que te quiero...».
En otro lugar, su hija que nunca vio la luz,
está volviendo al propio conducto; vuelve con el terror en los ojos,
oscilando peligrosamente sobre una cuerda extendida;
vuelve con la angustia de desaparecer de nuevo. ¿Cómo es posible?
¿Cómo puede volver a la oscuridad si nunca salió a la luz?
¿Cómo puede angustiarse por la muerte si nunca ha vivido nada?

¿Dices que estoy delirando?
¿No te ha pasado a ti también que has permanecido condenado
observando las imágenes terroríficas que de repente aparecen en el interior de los párpados,
precisamente cuando te estás quedándo dormido?
La mía es una de esas alucinaciones, la enésima,
ya que aquí dentro no hay ya nada ni nadie a quien escuchar en concreto.

El otro día soñé con una niña, guapa, feliz, chiquitina.
Volvía de la escuela con la mochila a la espalda, sus partituras, sus pompones.
La he cogido en brazos, la he elevado, la he besado.
Parecía contenta de tanta alegría.
De repente sentí que todo mi tiempo estaba en ese vals
que bailaba con ella, en esa felicidad instantánea.
Una instantánea, por tanto, otro fotograma, un nuevo comienzo,
en el arco de nuestras vidas donde todo comenzó
antes de que nosotros estuviésemos,
y no nos quedó más remedio que llevarlo a su fin.
Ella me dio la gran felicidad y la gran tristeza,
la alegría de sentirme completa, reconocida,
y a la vez, la angustia de un amor que se irá quién sabe adónde.
Esa niña... Nunca la he olvidado.
Fue la primera vez que deseé vivir y envejecer.
Antes nunca había sentido ese sobresalto del animal perseguido por los depredadores —todos alucinados, como siempre—.

¿Te acuerdas de aquel cuadro gigantesco, colocado en la pared del dormitorio?
Lo compramos en una exposición de Velicovich.

Un hombre que reemerge de la oscuridad, como perseguido por desconocidos.
Un hombre desnudo, musculoso, angustiado;
que salta los peldaños de una escalera que se alza en el fondo
de una pared roja de sangre, de pasado,
y en cuya cima se perfila una puerta negra, metálica;
una puerta cerrada, bloqueada.
Por lo tanto, una muerte muy cierta, constatada.
Y sin embargo, ese hombre seguía subiendo,
corriendo de la oscuridad hacia la oscuridad.
¿Qué otro camino emprender? ¿Qué otra cosa podía hacer?
Nada, nada más que escapar,
aunque estaba claro que la carrera terminaría con una puerta bloqueada. Así fue.
Hemos sido víctimas de un proceso de división, tú y yo.
Tal vez la muerte total nos parece siempre inaceptable;
tal vez la herida es el precio que pagamos,
todas las veces que confiamos en el amor del otro, sin reservas,
porque —digámoslo—, ¿quién puede acogernos en todo y por todo?
¿Quién puede contactar tan profundamente con el propio sufrimiento o la culpa?

Pero basta ya con los recuerdos.
Recordar requiere tiempo, y yo no tengo más tiempo;
recordar requiere espacio, y yo no tengo más espacio.

En esta habitación vaciada que se pierde a la deriva,
yo no tengo más espacio que para mi cuerpo;
no puedo alojarte más, amor mío; ya no puedo dejar entrar
a nadie,
ni siquiera a una cometa que huyendo pida asilo,
ni siquiera a un pensamiento, por más que sea abstracto
(y tal vez, precisamente estos son los que más ocupan).
Por otro lado, no puedo negarme a aceptar a algún extraño
que provenga de mí misma.
No sería la primera vez. ¿Ves estas larvas?
¿Estas pequeñas orugas cremosas y inocuas,
escondidas en los surcos de los muslos?
Surgieron de mi interior, hace tiempo.
Al principio, me asusté muchísimo; el inspeccionarme
me quitaba el sueño,
intentaba entender de dónde salían para echarlas.
Me miraba en la boca, entre el pelo, entre las arrugas,
pero nada, nada qué hacer.
Tenía miedo de morir de un momento a otro.
He pensado durante años que estos gusanos eran productos
de mi cuerpo en descomposición
—la descomposición de un cuerpo marchito, pues nunca
más fue rociado por el deseo—.
Y, sin embargo, más tarde, mucho más tarde, me acostumbré,
he comprendido su naturaleza;
estos insectos no son las señales de la muerte,
sino un presagio, una señal de anticipación, pequeña,
para que nos podamos acostumbrar a acoger a la muerte,
en vez de temerla o huir de ella.
Son ellos mis compañeros cotidianos ahora.
Me surcan la piel, me atraviesan, me envuelven,

me hacen cosquillas, en fin, me hacen deslizarme felizmente
por esta vida como por esta cama, por esta nada.
Y estas verrugas, ¿las ves? ¿Estos hongos negruzcos?
¿Puedes imaginar cuántos años los he mirado con espanto?
¿Cuántos años me han hecho delirar?
Tal vez, me puedas entender, o al menos creer.
Cuando nos hundimos hacia el final, las cosas cambian;
nos convertimos en unos ciegos, pero capaces de dar sentido
a lo que no tiene forma.
Tal vez, estas verrugas son tragaluces de un subsuelo;
quizás dentro de mí descansa una ciudad sumergida,
poblada por habitantes vivos,
por todos aquellos a los que amé profundamente,
aunque puede que ni siquiera los recuerde;
¡y ellos son los campanarios!

Ya no tengo miedo.
He aprendido que es necesario avanzar paso a paso,
concederse tiempo para comprender, para aceptar:
saber que cada célula, incluso la maligna, nos pertenece,
es nuestra, nos trae un mensaje de amor,
allí donde nadie más consiguió escucharnos.
Y luego, después de comprender, es necesario enterrar,
volver a soñar.
Lo estoy intentando. Tengo todo el tiempo ahora.
Cada día, por la tarde noche, me recubro de cera suave,
para volverme blanca, toda blanca,
y eliminar toda aspereza de mí misma;
quiero volverme absoluta, convertirme en una estatua,
una de esas estatuas clásicas, colocadas en los jardines de
las iglesias, tan lisas, sin pretensiones, sin sexo.

En realidad, me entretengo con esta praxis cotidiana
para ejercitarme en la revelación y la falsificación,
además de para pasar el tiempo.
Recoger la cera segregada por las excrecencias;
cubrirme con cuidado, me recuerda a cuando era jovencita
y me preparaba delante del espejo,
amansaba mi belleza, la suavizaba con maquillaje,
para que los chicos no se asustasen, sino que se sintiesen
 seducidos y seguros.
Y aquella progresión hacia la complejidad me daba la
 sensación
de ser especial, distinta, más viva. ¿Me entiendes?
Precisamente lo contrario de lo que pensaba mi padre.
El creyó que es necesario querer un solo trabajo,
un solo compañero, en fin una sola vida.
¡Uuhh! ¡Pues no he oído cosas así!
Siempre hemos sentido inclinación por edificar nuestras
 teorías
sobre aquello que en el fondo es solamente nuestro cuerpo.
Tal vez mi padre no tenía la desgracia de verse aparecer
unas bocas de chimenea encima,
desde las cuales vigilar qué ocurre en ellos mismos.

Yo, esta ronda de inspección la hago desde hace tiempo.
Forzada como estoy en este cubo de cristal,
cuando la luz del mundo se va apagando, me dirijo en mí
 misma,
no digo en el alma, en el espíritu, sino justo en el cuerpo,
en el ínfimo del cuerpo, en el corazón, en el estómago.
Haciéndolo, he descubierto verdades indiscutibles
 para mí, naturalmente.

Mis tendones, mis músculos, mis dientes;
el esqueleto de los órganos huecos y macizos,
todo esto en mí está dañado.
Es como si estuviese desligada, como si las partes de mí
misma estuviesen desligadas;
mi columna vertebral lista para romperse.
En el interior de mi cuerpo, se abren cavernas debido a
la rotura de las vigas,
y los ladrillos caen los unos sobre los otros,
formando montones, vacíos encapsulados. Me entiendes,
¿verdad?
Nunca fui capaz de vivir sola; siempre necesitaba a alguien
que me ayudase a mantenerme en pie;
alguien que recompusiese entre sí los trozos dispersos,
las penas,
según una idea coherente de mí misma.
Tú tenías este proyecto —lo sé—, tenías la pasión,
la energía, la dedicación.
Pero yo estaba demasiado dividida para poder quedarnos
unidos,
en una sola piel compartida, la tuya, la nuestra, la mía.
No era lo suficientemente estable, no suscitaba suficiente
confianza.
Y también nuestra familia, nuestra ciudad, nuestra casa.
Volví —ya sabes—.
Estaba así, derribada, bajo el peso de las culpas.
El montón de argamasa sobre el suelo te obligaba a
caminar con cuidado;
te permitía descubrir detalles de nosotros mismos
que creíamos desaparecidos.
Entre las jambas de la puerta, otro había encajado
el teclado del piano. Me acerqué.

Misteriosamente, volvió a sonar, como reconociéndome.
¡Qué maravilla!
Era una pieza que alguien estaba tocando
cuando el último golpe de mortero hizo irrumpir el silencio encima de nosotros;
era el llanto desesperado por la vida y por la infancia que se había perdido.
Y sin embargo, nada se había perdido de verdad.

Dentro de mí he vuelto a encontrar incluso alguna bonita cancioncilla
que mi madre canturreaba mientras preparaba la cena
o se maquillaba delante del espejo de la habitación. ¿Te acuerdas?
«Signorinella pallida, dolce dirimpettaia al quinto piano...».
Sí, me he quedado unos años acurrucada sobre mí misma
antes de volver a encontrar la melodía creada por los labios de hombres amables,
premurosos, movidos por el amor, por la pasión,
o también por la desesperación, y poder fiarme de ellos.
Se necesita tiempo para eso, mucho tiempo.
Ahora, cuando la luz del sol se eleva sobre el horizonte
me pongo de pie, me acerco a los vidrios, y los vidrios se flexionan,
convirtiéndose en instrumentos musicales que recogen esos alientos debilísimos y proféticos,
gracias a los cuales vaticinamos que llegará algo bueno
o amenazante —una tormenta, un crucero, o un atleta
guapo que avanza con el pecho desnudo—.
¿Lo escuchas tú también?
Acércate, siéntate, tal vez consigamos reencontrarnos.

¿Puedes? ¿No puedes?
Eres demasiado joven, todavía pegado a la vida,
todavía buscando cosas que masticar, de una historia, en fin, evocable,
de esas que llamamos poesía o literatura, o vida.
Pero yo no pertenezco ya a la vida; no sé cómo definirme ya;
no sé decirte en qué me he convertido, una vieja, una alucinación,
una emoción cualquiera experimentada poco antes de morir.

Es difícil hablar de ello, lo sé,
contar las cosas desde el punto de vista de la nada.
Y, ¿con qué objetivo ahora? ¿Qué cambiaría?
Todo está disperso, perdido, hecho pedazos. ¿Los ves?
Unos perros callejeros muerden al aire, por alguna parte,
para recordar cómo se come, se mata, se siente placer;
allí arriba, en el horizonte, un barco se mueve ligero
empujado por un hilo invisible, en el atardecer ya apagado.
Y nosotros estamos enredados al borde del océano,
y ni siquiera te imaginas el porqué. Pesadillas, exacto.
Consecuencias imprevisibles de la experiencia,
tal vez también de la felicidad alcanzada alguna vez, si bien fugazmente.
Puedes pasar años sin darte cuenta de nada.
Crees que no sucede nada bueno ni malo, no consigues explicarlo, estás vacío.
Después, un día de otoño, un ser insignificante —un amante, una mariposa—
se posan en la cima de un plátano, poco después de una tormenta,

y ese árbol empieza a oscilar, cada vez más fatalmente,
vuelve la lluvia, a pesar de que no hay lluvia.
Entonces te miras, elevas la cabeza,
te das cuenta de que una manada de nubes se va por el
cielo ya terso;
te vuelves consciente de lo que has perdido.
Justo esto es lo que me ha pasado, a mí, a ti, a aquellos
como nosotros.
Desde que viví sola, absolutamente sola,
¡no he hecho más que encerrarme en mí misma!
Me hacían compañía los gusanos, las arrugas, las verrugas;
escuchaba las respiraciones y los borborigmos;
contemplaba mis pechos, mis labios, mis muslos.
Después llegó la pérdida, la conciencia de la pérdida —no
sé decirte—,
y junto a ella la evidencia de que allí afuera estuvo
la vida de los demás,
y que tú también estuviste, tú también, especialmente.

No sé qué más hacer ahora;
parece que he vivido, dos, tres o cuatro vidas, todas juntas.
Lo he conquistado y lo he perdido todo, demasiado deprisa,
excepto la nostalgia, esta horrible enfermedad que todavía,
y desde siempre, me atrapa.
Quizás creo que la felicidad todavía existe,
que mi pareja, tan querida, está aún aquí, detrás de mí.
Tal vez podría girarme, volver a imaginar,
en el fondo, estoy preparada para no encontrar a nadie,
«Ven, siéntate, ponte cómodo».
O quizás, no sé, tengo demasiado miedo a volver a sentir
felicidad,

si esta no es eterna.
Prefiero aceptar el final, a pesar de que temo a la muerte;
a la pesadumbre de encontrarme sola, sin tus brazos
que me sostengan y me envuelvan.
Por eso me demoro en estos ritos cotidianos;
me maquillo, me tumbo, me cubro de cera.
Prefiero distraerme así, dejar que sea el azar el que decida
    por mí —al menos sobre el cómo y el cuándo—.

Como ves, mi casa se ha reducido a lo esencial, a la nada,
nada de paredes, techos y vallas; ninguna entrada, ninguna
    salida.
Solamente ventanas, ráfagas, iluminación,
destellos inciertos que cambian según la luz.
Como ves, mi vida se ha reducido a lo esencial,
una expoliación completa, completada;
una dimensión absoluta de la pérdida gracias a la cual puedo
    concebir
lo inconcebible del amor perdido.
Como ves, mi cuerpo mismo se ha reducido a lo esencial,
tan afligido y paralizado que yo misma me lo cuido devotamente
    —como haríamos con el cuerpo de un santo—,
cubriéndome de cera para eliminar todas las marcas típicas
de las victorias y de las derrotas.

Por eso, te decía, no hay más pistas sobre algo concreto
    en lo que te digo;
no tengo nada más en la mente que imágenes rotas,
    soñadas, alucinaciones.
Ningún cuento, ningún recuerdo, ninguna historia
    —si es que hubo alguna historia—;
ningún lenguaje concreto, reconfortante...

Lo que puedo darte, en este último y anunciado
    momento terminal
es una mirada doblada, en paz con todo y con todos,
una voz ininterrumpida que proviene de lejos,
un sonido que abarca todo lo que hemos sido.
    No sé si lo escuchas...

Algo, alguien… había...
No importa saber, no ahora.
Alguien... algo... era...

Aosta, marzo de 2014

Altera Mater

(Cerrado. Casi oscuro. Un hombre habla con una mujer inexistente, como si fuera una Erinias. Junto a él, una trampilla vertical, de la que se filtra una luz nítida; un espejo de aumento:)

Entra, siéntate, ponte cómoda. Por fin.
Tú nunca has sabido hacerlo;
nunca has podido o querido aceptar una invitación.
Yo lo intento desde hace años —¿cuántos años? ¿Cien, mil?—.
En cuanto alguien te abre la puerta, tú entras y te das la vuelta,
para no estrechar la mano al dueño de la casa.
Tu cuerpo se endurece, se hace pequeño.
Tus pies dibujan una danza de monja que reza;
tus manos de costurera, nerviosas, vengadoras,
se cierran delante de la boca,
escondiendo el susurro de una blasfemia contra este o aquel anfitrión,
siempre contra, siempre alguien.
Y si este te sonríe, te ofrece de beber, te conviertes en piedra,
la boca se te cierra, aunque es imposible esconder los dientes;
estos empiezan a chocar, a chocar,
van más allá de la boca, muerden los pies, los muslos, los labios de los anfitriones;
no puedes seguir allí, te sientes asustada, tienes ganas de escapar.

Todo adquiere tu rigidez, tu humor oscuro, presagio de
desgracias.
Por la noche, después de cenar juntos, desapareces bajo
el suelo.
La luz de la luna nos sorprende por las ventanas, alarga
las sombras,
tu sombra te traiciona, se retira, rapidísima,
un sicario que se pierde en la noche.
Sobre el suelo se queda un olor a sangre, de lucha a vida
o muerte,
llevada a cabo por venganza, todas las noches, por hambre,
un hambre ancestral, un castigo divino.
Un sentido de culpa voraz se extiende sobre nosotros,
como si tu sombra se nos hubiese quedado encima,
dejándonos una acusación de culpabilidad.

Perdóname.
No quiero despreciarte, no quiero ofenderte.
Tal vez nuestra cercanía me ha hecho miedoso,
y también yo puedo percibir solamente fauces abiertas,
sombras que me siguen y me matan.
Ahora estás aquí. Lo sé, sé que es muy difícil para ti;
pero intenta doblarte, intenta inclinar al menos un poco
esa columna rígida como un juicio divino.
Siéntate, ponte cómoda.
Nunca dijiste nada, nunca una palabra,
no digo dulce, sino al menos de curiosidad:
en cuanto alguien se interesaba por ti, te encerrabas
adentro,
empezabas a buscar un refugio, a esconderte en casa,
pero la casa inevitablemente se reducía;

las paredes se hacían espesas, cortas, impermeables a
las voces de los niños
que te habrían querido con ellos, fuera,
preparando dulces al vino *cotto* o frutas en licor,
incluso la puerta se transformaba, se convertía en una
especie de trampilla vertical,
atravesada solo por la luz perentoria que filtraba la
cerradura.
Esa luz te seguía, te impedía esconderte del todo
—¿y de quién? Tal vez, de tu vergüenza por los pequeños
patéticos robos que cometías allá donde te invitasen—.
Te perdías rebuscando en los cajones de tus lúgubres
armarios,
esos sepulcros familiares que pertenecían a tu madre, a
su madre, a su abuela.
Allí dentro, pasabas las horas reordenando las partes
del ajuar,
aquellas destinadas a una de las mujeres de las hijas.
Un día, olvidaste cerrar completamente las persianas
—o quizás lo hiciste aposta—. Tendría unos quince
años.
Trepé por el exterior del edificio, hasta la ventana;
me puse a observar aquellos rituales enigmáticos tuyos.
Dos dedos se movían, laboriosos y precisos
como las patas de una araña.
Sacaste de los cajones la funda de un cojín, una camisa
de raso, no sé.
Estabas arrodillada en el centro de la habitación,
como a punto de confesarte.
Te llevaste el borde de esa camisa a la cara, a la boca,
acariciando aquel pecado inexplorable.

Detrás de esos racimos podías huir de la clausura
a la que estabas destinada.
Hacía falta sorprenderte en uno de esos momentos
para comprender que quizás tú también fuiste una niña;
quizás tú también deseaste recibir un beso, sentir una
caricia —al menos de pequeña, al menos en la
oscuridad de una habitación, al menos en el espejo—.
Me habría gustado apagar todas las luces y las voces del
mundo para dejarte seguir.
No conseguí estar contigo, parar las campanas del mediodía.
Te diste cuenta de algo.
De repente, el hilo de luz que atravesaba la habitación se
recogió,
desapareciendo por el ojo de la cerradura;
el espejo del gran armario cerró los párpados;
tu rostro, tu cuerpo, tu deseo, tu postura,
toda tú te convertiste de nuevo en vieja, una estatua de
madera,
de esas erigidas en los cementerios.
Saliste de aquella habitación como de un tiempo y un
lugar lejanísimos.

Eras tú de nuevo. Me bajé de mi puesto.
Me daba miedo la luz —como a ti, por cierto—,
a pesar de que la luz, como dicen, nos enseña a reconocernos
a nosotros mismos,
a elegir la máscara más adecuada a cada circunstancia.
Nosotros siempre hemos preferido el vislumbrar, el
claroscuro.
¿Te acuerdas de aquel verano, el primero de mi adolescencia?
Me había encerrado en el baño: necesitaba tiempo
para ganar confianza con mi nuevo cuerpo.

Teníamos las mosquiteras en las ventanas y los cristales subidos por el calor.
Acababa de discutir con mi padre y necesitaba reencontrarme.
A menudo nos ocurre que el sexo nos permite alcanzar
una dimensión onírica,
y entonces una cuerda roja, de seda, parece que sale del vientre;
la cogemos por el final, se desenrolla sorprendentemente,
revelando poco a poco todos nuestros deseos, los inconfesables.
Empecé a jugar con él, envolví mis manos, mis labios, la cabeza, el cabello.
Tú estabas allí, habías contemplado toda la escena.
Siempre has vivido así, detrás de una ventana o escondida
tras un cristal, mirando, robando, escuchando.
Algunas veces, mientras me afeitaba ensimismado,
notaba que no tenía lengua, que había perdido un ojo;
otras veces me pareció que buscaba un pañuelo,
que no encontraba el albornoz, la camiseta o los pantalones;
luego me giraba, y me daba cuenta de que tenía el pañuelo,
me lo habías puesto tú en el bolsillo, en silencio;
me daba cuenta de que el albornoz o la camiseta
habían sido puntualmente lavados,
o que el pantalón lo habías planchado de nuevo.
Estabas siempre allí, escrutando en tu espejo ampliador
—ese espejo que tanto te gustaba y que llevabas siempre en el bolso—
te perdías en sus deformaciones mirando mi piel,
asegurándote de que me hubiese lavado los dientes,
que no hubiese fumado demasiado,

averiguando si me había ido de verdad al trabajo y que
no me hubiese perdido
entre las almohadas de una amante.
Nunca podía cenar solo, ver la tele,
leer un libro o tumbarme en la cama en paz:
tú estabas allí, pegada a mí, detrás de mí, de pie,
escrutando el plato por si casualmente me hubiese dejado
algo sin comer;
estabas allí conmigo en el sofá, leyendo en voz baja
la misma página que yo,
y si hubieses podido meterte conmigo bajo las sábanas,
quién sabe si no lo hubieses hecho.
Siempre has sido así, vieja loca cascarrabias, insolente cotilla
venenosa, ladrona, mentirosa, pegajosa.
En cuanto veías una cerradura te adueñaba una especie
de violencia incontrolable;
tenías que abrirla, mirar por dentro, escupir dentro,
para que nadie más pudiese poseerla después de ti.
Mi madre tenía una cajita de metal,
como esas pequeñas cajas fuertes de los armarios en la
que creo que solo guardaba algún collarcillo.
Fuiste a cogerla, aprovechando que no estaba.
Dentro había una vieja foto amarillenta de mi madre,
joven, guapísima,
realizada el día de su primera comunión;
la hiciste pedazos, pequeños pedazos.
Cuando mis padres llegaron a casa, tuviste el valor de
echarme a mí la culpa.
Siempre has sido así, ladrona, mezquina, desgraciada.
Desgraciada.
Siempre habías deseado una vida normal, también tú;

una casa, un marido y una familia;
pero una madre más loca que tú, una madre cruel,
había establecido que su hija se dedicaría a ella, la parásita.
Te has pasado la vida viviendo de limosnas,
recogiendo las migas de los demás, pasando de casa en
casa,
vagabunda, sin una habitación, sin un armario;
poniéndote los abrigos desusados de los demás, las
zapatillas tiradas;
obligada a aceptar sólo lo que queda de una cena,
mandada a la cama como una huérfana, sola,
a recitar las profecías, sola, con la aflicción de no tener
apoyo,
sin infancia, sin juventud,
sin haber recibido nunca un beso.
Y cuando la artrosis y la vejez te impidieron agacharte,
lavarte por ti misma,
te quedaste sucia, sin que nadie te echase una mano,
tú misma incapaz de pedir ayuda, de pedir perdón.

Tu ira nos lo ha puesto fácil,
nos ha permitido verte como la mala, de la que deshacerse.
Nadie tuvo el detalle de mirar más allá,
de comprender más a fondo si hubo un tiempo
y una niña capaz de amar,
si no había aún algo a lo que amar,
más allá de tu máscara peluda y agresiva.
Ha sido fácil para todos. Encontramos nuestro beneficio.
Tu destructividad nos permitió considerarnos buenos;
tu atracción por los orificios nos permitió no sufrir en
nuestro interior las propias perversiones;
tu cizaña nos permitió negar las brechas

de nuestras relaciones ya bastante rotas.
Nunca nadie se paró a pensar la vergüenza que has tenido
cuando las más jóvenes se desnudaban,
poniendo de relieve tu vejez y tu falta de feminidad.
¿Cuántas renuncias has tenido que aceptar? ¿Cuántas pérdidas?
Me gustaría hablar de esto, hablar de ti.
Nunca lo hemos hecho.
Solamente una vez abriste un cajoncito de tu secreter,
esbozándome algo sucedido muchos años antes,
tu madre, la bruja, tu sacrificio...

Un bonito rayo de sol había entrado entre nosotros,
nos había permitido descubrir por primera vez tus ojos de niña,
tu voz tímida y amable.
Quizás, si esa luz no se hubiese apagado de repente,
habríamos podido soñar con otra vida,
reencontrar algo vivo, otra vez, vivo y maternal
bajo tu máscara de madera; pero tú no pudiste.

Un día mi madre volvió de trabajar, por la tarde noche
—como todas las tardes—.
Se quitó el abrigo de lana *beige* hecho a mano
(tengo una foto en la que parece Audrey Hepburn);
se sentó sonriendo, se desabrochó la camisa.
Tú te precipitaste sobre ella, gritándole que si seguía me
provocaría una «fiebre» peligrosa.
Desde entonces, seríais tú y tu hermana las que me daríais de
mamar con el biberón.
Mi madre se quedó asombrada.
Tal vez la culpa de haber sido una madre le impedía actuar,
reivindicar para ella ese juego sensual de contacto con la piel.

Le habías sustraído la maternidad, me habías amputado
también a mí ese seno.
Me sentía vacío, cada día buscaba algo más.
Tu biberón, colocado malamente dentro de mí,
me llegaba hasta la garganta, hasta la respiración, hasta
los ojos: me sentía paralizado.
Ese biberón se hizo cada vez más duro, más frío;
y esa cosificación se extendió rápidamente a la mano,
a tu brazo, a todo tu cuerpo;
te volviste a la vez amenazante y ruda.
Incluso cuando, quizás tenías ganas de reír,
aparecía en tu rostro una expresión de desdén,
una especie de mueca;
y cuando te estirabas para coger algo con las manos
—por ejemplo un ramo de flores, una caja de bombones,
unas sábanas—,
tus músculos se contorsionaban, produciendo un gesto
de rabia.
Te habías convertido en una amenaza.

¿Te acuerdas del verano del 78? Yo tenía trece años.
Estábamos todos juntos de vacaciones, la típica familia
sagrada y grande;
yo me había ido de campamento con los *boy scouts*;
vosotros pasabais los días encerrados en casa, secando
fruta y tostando almendras.
Uno de esos días, uno de tantos, empezasteis a discutir.
Mi madre caminaba por la casa como una criatura del
primer paraíso,
inocente, casi desnuda, inconsciente de su belleza;
mi padre la insultó, y tu hermano, quizás recogiendo
vuestro odio

y vuestro propósito, la empujó hacia la mesa.
Yo estaba en el campamento —como te decía—;
vi llegar a dos municipales que me llevaron con ellos.
Cuando llegué, una multitud de gente miraba hacia casa.
Me abrí espacio.
De la esquina del balcón caían pétalos de amapola.
Cosas así se unen para siempre a nuestro destino,
a menudo tan diferente de nuestra naturaleza
o de nuestras aspiraciones;
y lo mejor que podemos hacer es ser conscientes de ello.

Después de la milésima etapa de discusiones, mi madre
os echó de casa.
Recuerdo que os fuisteis a vivir a Vomero,
en un piso que tu hermana había comprado,
presagiando el final de una convivencia que realmente
nunca empezó.
Tú estabas sola esta vez, sin hermanos,
privada hasta de tu desgraciado rol de cuidadora.
Estabas allí sola, en una casa despojada como ninguna más
haya visto,
faltaban muebles, mesas, camas, cojines.
Mi padre estaba destrozado.
Después de trabajar, venía a verte a las 7 p. m.
Yo lo seguía, no decía ni una palabra.
Fuimos nosotros los que os llevamos cuatro sillas,
una pequeña mesita, un juego de platos;
llevamos algunas redes, colchones, alguna colcha;
había solo una cocinita de gas, de esas de *camping*,
para calentar una sopa.
Por las tardes no veía el momento de que volviese mi
padre e ir a verte.

Nos llegábamos media hora, solo media hora.
Happy Days estuvo en la televisión.

Nunca podré decir el dolor que sentí en esa etapa de
mi vida.
Esa casa tan vacía, era el Guernica.
La luz tenue emanada por una lámpara de aluminio;
el lomo de un animal descuartizado sobre el alféizar
de la ventana;
tus ojos agigantados, aterrorizados;
los dientes cuadrados y amarillentos,
todo eso era lo más bonito y terrible que había visto
jamás.
Tú y tu rostro te convertiste en el símbolo de la derrota.
Allí, en esa resistencia muda,
en esa ausencia iluminada por la lámpara de gas,
comenzaba la belleza y la historia que contaría un día,
entre paredes costrosas y rostros desgarrados,
entre silencios interminables que duraron años.
Empecé a considerar toda la injusticia que hay en la
ejecución de una condena, de un acto, de cada acto,
aunque sea de justicia, de liberación, de rescate;
y cómo puede cambiar rápidamente la historia y el
destino de la humanidad,
cuando las denominadas víctimas aprovechan la ocasión
y el gesto ferino para ser verdugos.
De la cruz no se baja —lo aprendí gracias a ti—;
en aquellas tardes, en aquel encierro, te convertiste en
una *mater dolorosa*.
Toda la culpa, toda la crueldad y la miseria que habías
plantado
se derretían en los colores silenciosos y difuminados

de aquel trágico lienzo que yo, de niño, estaba
obligado a admirar,
y de la que un día saldría, pudiéndolo contar,
para restituir el honor de la comprensión,
la gratitud por haberme enseñado a reencontrar el amor
incluso en un gesto de rechazo;
a sentir el sufrimiento incluso de aquellos que gritan
venganza;
a reencontrar la riqueza incluso en las migas de una comida,
de una estufa, de una sonrisa.
Al final de aquella media hora, *Happy Days* se había
terminado.
Tenía para siempre dos madres y dos lenguas.
Las tendríamos todos, para siempre, las dos lenguas.

Veo que ya estás cansada. Déjate llevar;
ponte aquí, en el sofá, extiende la espalda y las piernas:
te ayudará a sentirte más relajada,
a conquistar el espacio que nunca te has permitido.
Incluso después de perder a tus hermanos —tu Cosimo,
tu queridísimo Ubaldo, tu gemela Carla—,
incluso entonces elegiste ocupar poco espacio.
Volviste a vivir sola, en una sola habitación
—la misma desde la que de niños escrutábamos el cielo
antes de irnos a la playa—, pero más dejada ahora,
deteriorada.
Un museo de recuerdos en el que cada objeto
—los frascos de las colonias, el viejo piano, un calendario
de los setenta—
había retomado su rol de *cosa*,
como ocurre en el final de los días, cuando el olvido nos

devora,
y todas las cosas vuelven a esplender por sus colores, por
sus formas, por su cercanía.
Tú también te convertiste en un objeto entre los objetos,
habitando en poco espacio, en la oscuridad,
sobre la mecedora de mimbre.
No te era necesaria la apertura o la libertad.
Eras más sabia que todos nosotros, te convertiste en ello;
habías aceptado esa la soledad que un tiempo fue tu
condena.
Eras tú, aún tú, con tu máscara, tu amargura,
pero ya más respetable, del todo respetable.

Cuando íbamos a verte allí abajo, a Ascoli,
nos acogías como nunca lo hiciste, con el rostro relajado:
la dueña de una casa, por fin, espléndida, solitaria;
yo te estimaba por esa dignidad, por esa contención.
También cuando se trataba de pasar la Navidad, la Pascua
o unas vacaciones juntos,
tú esperabas que alguien lo preguntase,
que yo o mi hermana fuésemos a recogerte.
La altivez y la presunción de un tiempo habían dejado paso
al desencanto
por el amor que puede ser y no es.
Y ese hacerse invitar, era una coquetería de vieja dama,
la garantía de no ser un peso. Una coquetería, sí. Es raro.
Fuiste, durante más de un siglo, el emblema de la dureza,
y ahora te preocupaba hasta por un saludo.
Tal vez, cada una de las muertes de los que querías
te volvía libre de culpa.
No había nadie más para reprimirte

—excepto tu fragilidad—; y ni siquiera esta te importaba,
como si otra posibilidad en aquel momento
se hubiese convertido en ineludible
—la necesidad de aire, de luz acogedora, de sensaciones—.
No es que no estuviese ya en tu naturaleza.
Siempre fuiste una gimnasta incansable,
no parabas ni un segundo; comida, cena, platos, suelos,
bajar las escaleras, subir las escaleras, bajar, subir, bajar, subir.
Y en los últimos momentos te hiciste aún más «callejera»
—como decías en tono de broma—,
salías para hacer la compra —cinco euros, ¿vale?
solamente leche, pasta y tomate—,
para ir a misa, para llegarte al cementerio.
Esa devoción por tus hermanos era una preparación,
la promesa de un encuentro, de un encuentro renovado
con el amor.
Me habría gustado restaurar una estación entera de absoluta
emoción,
sí, la emoción de la felicidad,
de la juventud no diluida por la resistencia del cuerpo.
A veces para picarte te daba un beso,
y tú te oponías, echando la espalda hacia atrás,
me decías que era «tonto»,
con esa sonrisa poco disimulada de quien desea lo contrario.

Esta era la felicidad que siempre quise darte.
Por eso te he dicho, extiéndete, cierra los ojos, olvida,
o mejor no: recuerda, recuerda este contacto entre nosotros;
escribe sobre tu piel acerca de este amor reconocido;
grábalo en los cartílagos, en los músculos,
escóndelo bajo las cejas, o entre el cabello;

tenlo entre los labios, consérvalo en los ojos;
ahora nos preparamos, ambos, para otra dimensión,
más profunda, más nuestra... ¿Puedes?
Y yo, ¿consigo hacerte sentir por fin una niña mimada?
Te he encontrado ese espejito mágico, ¿te acuerdas?
Lo he puesto aquí, justo en la mesa, delante de nosotros.
No, no te preocupes, no lo necesitamos para descubrirnos
—además, ¿por qué deberíamos?—.
no nos es ya necesario quedarnos escrutando la vida de los demás:
ya estamos los dos niños aquí —nos lo dicen todos—;
los dos podemos permitirnos ver las cosas más profundas
—una sirena que duerme de lado al fondo del mar;
un tenedor oxidado que quién sabe a quién perteneció;
una caja fuerte vacía—;
sin tener que recuperarlas o asignarlas a alguien.
No, no te preocupes. Me gusta tenerlo ahí, delante de mí;
me gusta mientras estoy sobre el sofá, contigo al lado,
perdiéndome en esa superficie plateada en las que las líneas del cuerpo se redondean,
los rostros se ensanchan, los cuerpos se alargan,
y parece que somos como nosotros deseamos;
estiro un brazo y este se dobla, me abraza;
abro una mano, lentamente, hasta el punto en el que los dedos se cruzan con los otros.
Me deslizo un poco por el sofá, dos curvas se acercan, y ese rostro, qué maravilla...
Dibujo una sonrisa, y parece que la boca se dilata,
que los ojos se agrandan, se vuelven luminosos, luminosos.

Pienso en la noche que parece estrellada, la dulce noche,
la buena noche.

Duerme, mi frágil *altera mater*. Las palabras ya no sirven.
Ahora puedes dormir, puedes dormir.

Nápoles, Ascoli Satriano, Aosta, diciembre de 2012-febrero de 2013

ÍNDICE

Este libro se terminó de editar en Granada
en septiembre de 2025 por

www.aversopoesia.com
hola@aversopoesia.com